新时期名人文化研究与名人馆建设

学术研讨会文集

重庆历史名人馆 / 编

曾建伟 / 主编

杨霞 蹇青 / 副主编

西南师范大学出版社

国家一级出版社 全国百佳图书出版单位

图书在版编目(CIP)数据

新时期名人文化研究与名人馆建设学术研讨会文集 /
重庆历史名人馆编. —重庆：西南师范大学出版社，
2017.12

ISBN 978-7-5621-9104-9

Ⅰ. ①新… Ⅱ. ①重… Ⅲ. ①名人—文化研究—中国
—文集 Ⅳ. ①K82—53

中国版本图书馆 CIP 数据核字(2017)第 290938 号

新时期名人文化研究与名人馆建设
学术研讨会文集

重庆历史名人馆　编

主　　编:曾建伟
副主编:杨　霞　蹇　青

责任编辑:王传佳
装帧设计:闽江文化
排　　版:重庆大雅数码印刷有限公司·杨建华
出版发行:西南师范大学出版社
　　　　　网址:http://www.xscbs.com
　　　　　地址:重庆市北碚区天生路 2 号
　　　　　市场营销部电话:023-68868624
　　　　　邮编:400715
印　　刷:重庆共创印务有限公司
开　　本:720mm×1030mm　1/16
印　　张:16
字　　数:245 千字
版　　次:2017 年 12 月　第 1 版
印　　次:2017 年 12 月　第 1 次印刷
书　　号:ISBN 978-7-5621-9104-9
定　　价:59.00 元

前言

李长明

中共重庆市委统战部副部长

重庆市人民政府文史研究馆党组书记

党的十八大以来，中共中央总书记习近平曾在多个场合提到文化自信，表明他的文化理念和文化观。在中国共产党成立 95 周年庆祝大会上，习近平作重要讲话，再次强调要坚持文化自信。文化自信与道路自信、理论自信和制度自信并驾齐驱，作为不忘初心、继续前进的根本依据和重要基础。

我们的文化自信，来源于中华优秀传统文化。中华优秀传统文化是习近平十八大以来治国理政理念的重要来源，他多次强调中华传统文化的历史影响和重要意义，并赋予其新的时代内涵。在关于传承弘扬中华民族传统文化系列讲话中，习近平指出，要合理利用文物资源，"让收藏在博物馆里的文物、陈列在广阔大地上的遗产、书写在古籍里的文字都活起来"，"各级党委和政府要增强对历史文物的敬畏之心"。

《中共中央关于繁荣发展社会主义文艺的意见》指出，"坚持唯物史观，不管历史条件发生任何变化，凡是为中华民族作出历史贡献的英雄，都应得到尊敬、受到颂扬，被人民记忆、由文艺书写"，要"加强文艺阵地建设"，"切实增强政治意识、责任意识、阵地意识，按照谁主管谁负责和属地管理原则，加强对各类文艺阵地的管理，做到守土有责、守土负责、守土尽责"。

中共重庆市委、市人民政府高度重视文化事业的发展，《中共重庆市委关于繁荣发展社会主义文艺的实施意见》强调，要"以中国精神为灵魂，以中国梦为时代主题，以中华优秀传统文化为根脉，为全市人民提供健康丰富的精神食粮"。

历史是根，文化是魂。千百年来，值得我们敬重和景仰的历史名人为我们留下了宝贵的精神财富。历史名人文化是历史文化的重要内容之一，历史名人馆、纪念馆和名人故（旧）居，是文化阵地的重要组成部分。保护历史名人文化，加强历史名人馆、纪念馆建设，是一项宏大的利民工程。要通过传承名人文化与弘扬名人精神，来教育广大人民，真正坚定我们的文化自信，做到在思想意识形态领域的坚守。

古往今来，功绩卓著、为人称道的历史名人在岁月的长卷中书写了华彩篇章，给我们留下宝贵的精神财富。为了传承好如此宝贵的精神财富，人们对其载体——名人故（旧）居，采取了积极的保护措施。我国目前对名人故（旧）居采取的最主要的保护方式，就是将名人故（旧）居建成纪念馆，以缅怀名人们的风采，宣传他们的事迹，弘扬他们的精神。

当前，我国名人纪念馆建设蓬勃发展。已知的综合性名人馆有：安徽名人馆、苏州名人馆、徐州名人馆、山东名人馆、杭州名人纪念馆、重庆历史名人馆等等。纪念个人的名人纪念馆亦如雨后春笋，不断涌现。如：毛泽东旧居、邓小平纪念馆、周恩来纪念馆、朱德纪念馆、陈云纪念馆、孙中山纪念馆、宋庆龄纪念馆、张治中纪念馆、郭沫若纪念馆、鲁迅纪念馆等等。

重庆作为有三千年文明史、两千年建城史的国家级历史文化名城，名人故（旧）居遗存十分丰富。为挖掘历史名人的优秀事迹，体现重庆的历史文化底蕴，彰显重庆的历史人文资源，弘扬历史名人的可贵精神，让历史名人反映厚重的历史，闪耀时代的光彩，2003 年，重庆市人民政府经认真评议，从重庆全市范围内古代、近代、现当代（即上自先秦有史以来，下至当今作古）的历史名人中，遴选出本籍和客籍历史名人各 100 名。2004 年，重庆市人民政府决定投资兴建"重庆历史名人馆"，陈列这 200 位历史名人的塑像，展现其生平事迹。

2007 年，重庆市唯一一个集中展示历史名人风采的陈列馆——重庆历史名人馆建成开放。重庆历史名人馆地处长江、嘉陵江两江交汇处的朝天门，占地 3757 平方米。展馆分为"名人星空""序"和五大部分，内设"钓鱼城之战"全息影视播放厅和"抗战风云 陪都记忆"资料播放厅等展厅。重庆历史名人馆通过雕塑、绘画、多媒体影视等多种艺术表现手法，生动形象地展现了 200 位本籍、客籍历史名人的生平事迹以及重庆市三千多年来的历史变迁。

据不完全统计，重庆现存历代名人纪念馆、故（旧）居达 226 处，广泛分布在全市 30 个区（县），其中以渝中、南岸、沙坪坝、北碚 4 个片区较为集中。各名人纪念馆在场馆建设、资料收集、研究宣传、陈列展览、游客服务等方面做了大量扎实有效的工作，使重庆市名人纪念馆呈现欣欣向荣之势。

历史名人是城市文化的创造者、传承者和弘扬光大者，他们在政治、经济、文化、军事、宗教等诸多领域为世界及人类作出了名垂青史的贡献，但目前对历史名人的研究还较薄弱。在新时期，如何贯彻落实中共中央总书记习近平关于传承弘扬中华民族传统文化的系列讲话精神，打造好名人纪念馆，发挥好名人作用，传承名人文化，传递正能量，推动社会健康发展，是亟须研究解决的重要课题。

2016 年 10 月，重庆历史名人馆主办的重庆首届"新时期名人文化研究与名人馆建设学术研讨会"召开。笔者认为，这次研讨会取得了丰硕的成果，对全面贯彻"保护为主、抢救第一、合理利用、加强管理"的工作方针，宣传历史名人精神，展示名人风采，充分发挥博物馆、纪念馆优势，把名人文化传下去，让名人文化资源活起来等课题，进行了有益的研究和探索。

此次研讨会收到的文章，集中展示了理论研究者和实务工作者在名人文化、名人专题研究以及名人馆［纪念馆、故（旧）居］建设和发展等方面取得的成果。将这些文章和实践经验汇编成册，是对近年来历史名人文化研究及名人场馆建设思路、成就和得失的回顾总结，将对今后的名人文化传承、名人文化资源保护利用等工作，起到十分重要的参考和促进作用。

加强名人馆、纪念馆及名人故（旧）居建设，除了抓好硬件设施、设备建设，还必须建设一支政治强、业务精、水平高的管理和技术队伍。这支队伍是历史文化资源保护利用工作的中坚力量。将此次研讨会的学术成果汇编成册，还有一个希望就是"以书传意"，推动重庆市和兄弟省市在这方面持续地"融合、融汇、融通"，加强相互学习、交流、借鉴，共同把历史名人文化建设的基础夯实，把历史名人文化资源激活，让历史名人文化在新时期发挥新作用，闪耀新光彩！

I

第一部分 名人文化阐述

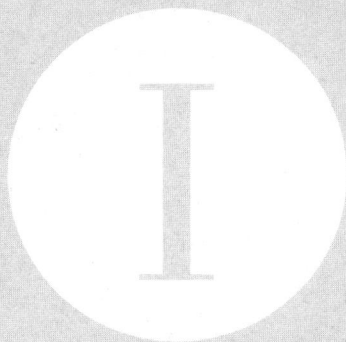

新时期名人文化研究与名人馆建设学术研讨会文集

历史名人身份认同与
国家认同的信仰问题

——读《刘子如研究与史料选集》的学术思考

□赵心宪①

问题的提出

重庆历史名人刘子如先生于 1924 年环游世界，根据篇幅虽然有限但确凿无误的历史文献显示，这不是刘先生计划的世界现代化专程考察，而主要是一个虔诚的中国基督徒环球"全程证道"之旅，历史有关文献的评述是相似的。

1.1939 年 1 月 1 日，《前线》旬刊第十三期上，记者孟加《大时代——战地服务记》："十年前（所指当为 1924 年——引者）曾一度游历欧美各国，宣传基督博爱精神，备受各邦人士欢迎。"[1]

2.1998 年 4 月 20 日，定居加拿大温哥华的台湾运康企业公司董事长葛家瑗先生给夫人的信中说，为子如先生的生平事迹撰写了数条近三千字的评语，其中第六条："老太爷几十年前游历欧美，时而演讲，时而证道。

① 作者系重庆市人民政府文史研究馆馆员，重庆第二师范学院巴渝文化名人研究所所长，教授。

老太爷对《圣经》的认识比我们更深，能在国外学校、教堂证道，宣扬福音，勉人以爱，能令会众感动立愿。在加拿大首都渥太华更上电台证道、演说，有专人翻译。以今日基督教的话来说，勤于'主工'，经常证道及作见证，这在'主工'里是最值称赞的。我们惭愧，都未达到他那境界。而老太爷在全程证道演说之余，又念念不忘注意国外之建设、学制、工业、都市景观，将所见寄给主政之人，这种既爱上帝又爱国的情操，至少是我们几个故人深深敬佩的。"[1]

3.《綦江县私立青山孤儿院史话》："1924 年，子如先生应英属加拿大教会邀请，出席联合布道团百年纪念大会（由子如先生主持大会的开幕式——引者），又应英国基督教美以美会的邀请，出席在纽约召开的董事会（会上应邀发表演讲——引者）。先生作了近一年自费环球考察，每到一地必发表演讲。在渥太华等地受到了贵宾级的隆重欢迎，为国争了光。"[1]

刘子如先生 1924 年环球之行的目的，应该与英属加拿大教会、英国基督教美以美会的邀请分不开。他充分利用这次难得的出国机会，借教会联系的方便，安排落实到有关国家的宗教考察计划，并加上对相应的国情了解与顺道的旅游，让这次环球旅行体现出浓厚的宗教色彩。细读《新新游记》（下文简称"游记"）残本[1]，这个阅读印象很深。历史文献主要在以下两个方面显示出刘子如环球游历自觉的基督徒身份认同。

第一个方面，即台湾运康企业公司董事长葛家瑗先生和夫人指出的"演讲证道、宣扬福音"，这是游记重点记录的内容之一，残本的有限篇幅对比有详略不同的 24 次记载，远超对有关国家旅游景点（不到 5 次），与教会有关的商业、慈善、教育、医疗（不到 10 次），工农业（不到 5 次）等的记录次数。游记残本所记的几则加拿大境内游历活动即可见演讲记录的特点。

卷三第十章"初赴加拿大"第九则："二十四号星期四，午前先在意大利人会堂演讲,继至一堂讴诗后,到大会堂礼拜,以马可福音十四章四节为题目。午后亦先至中华青年学生会演说……后至美以美会、青年会演说,均先一日挂牌、登报,述主讲员姓名。余以约翰第一书四章之爱字为主,鼓励……归入正轨也。"

卷三第十章"初赴加拿大"第二十三则:"七号星期四,本日演讲三次。午前在大堂主讲,听者 700 余人。午后行青年礼拜,听者八百余人。夜间亦在大堂主讲,听者千余人。每次讲毕,辄有多少人士等候握手……"

卷三第十章"初赴加拿大"第三十一则:"十五号……余住加拿大境内二十余日,遍历各城演说,常闻人云:较一千西人返国之报告尤佳。各埠报纸每日均载有子如演说之事。在火车,在码头,在街市所(遇)人士之友人,无不向余握手也。"

游记残本首先记载演讲《圣经》教义见证的基本内容,如卷三第十章"初赴加拿大"第九则,"以马可福音十四章四节为题目","约翰第一书四章之爱字为主",等等;也有记载话题延伸具体内容的,如"余略论本身自历明证,兼毛宅三、段青云之信道史"(卷三第十章第三十则)。其次,记载了现场听众的大概人数、热情程度等,说明自己《圣经》见证的实际效果。再次,记载了媒体及舆论综合评价个人见证的主要观点与社会反响。这成为游记中演讲记录的三个特点。

第二个方面,是现存文献信度最高的《刘子如毁家助善实录》(1934 年1 月 12 日出版)中收录的《刘子如自述》一文,直陈一位虔诚的基督徒"毁家助善"的内心动力来源及心路历程,以及其宗教慈善的全部经济账目事实。个人信教、经商与慈善关联有下面的表白:

"子如,原籍綦江,家于永里青山,世业农,年十九,因感家乡僻处,不易成就事业,毅然辞别,仅带五十三文小钱,步行来渝。初学刻字,继营书铺,稍有积蓄,常入木牌坊(今渝中区民族路 88 号)伦敦会福音堂,听讲基督教义,颇受感化,尝以博爱慈善诸教义自勉。旋营卜内门洋破(碱)业,开协兴隆启记字号，代苏广杂货生意，均遭失败。最后因个人信用，承办美商胜家公司缝纫机，全川统销，代办江西全省及湖北之黄石港、黄州、汉口等地之分销，颇获厚利。当时因生活甚低，曾对上帝发誓，愿将所有财产，捐助慈善事业，只留二百金养老。盖《圣经》有云，生命万物乃上天之赐，享用有余，应还于上天也。此后对于基督教义，信奉愈笃，惟感外人传教，因言语文字风俗等之不同，颇难普及，并恐外人乘机窥视内情，不利国家，应由华人自传。乃邀集教友，发起中华自传教会，觅定小十（什）字玄天宫废址为教堂，加以修葺……"[1]

查阅《刘子如毁家助善实录》[1]提供的相关信息，子如先生成为商业家、慈善家、社会活动家的社会影响与其信奉基督新教的信仰实践[2]经历息息相关——

1896年刘子如结婚一年后"入教归主"，成为基督新教"伦敦会教友"。

1898年起经营卜内门洋碱业务等多种商业活动均告失败，后转代销缝纫机业务并在1901年"三十而立"，任美商胜家公司缝纫机四川总经理。

1913年兼任江西南昌、九江胜家公司经理，开始将商业盈利按照基督新教伦理回报社会，决心创办重庆孤儿院等慈善机构。

1921年创办重庆中华基督教青年会，传播基督教义，遵循基督新教教旨"爱教进而自觉爱国"，"日本提出二十一条的时候，就下了决心，哪年打日本，就去参加"[1]（《刘子如老先生在前线》），表现出鲜明的国家认同价值取向；而在个人商业经营步步成功的同时，更加大力度回报社会，经办多项慈善事业，在西南教区名声日隆。

3年后的1924年，应"英属加拿大教会邀请，出席联合布道团百年纪念大会，又应英国基督教美以美会的邀请，出席在纽约召开的董事会"，成为20世纪20年代初世界福音派基督新教的知名人物，名扬世界。

《刘子如自述》以个人成为基督徒的经历为线索，重点开列按照基督教义操办种种社会慈善事业的"实洋"账单,特别是捐助(美以)美道会、(重庆)孤儿院、(重庆中华基督教)青年会"三团体之财产及证据,一一公诸社会,静候世人公判,若有过失,愿自裁以谢国人",语调愤激而沉重。因为作为一个虔诚的基督徒,绝对不能容忍"个人名誉与信仰"被人无中生有地污蔑甚至恣意亵渎。值得我们注意的是,《刘子如自述》撰写于1934 年而不是 1925 年。1924 年环球之行见证基督,得到世界基督新教界的热烈回应与高度评价,这似乎成为 1925 年子如先生几乎将全部财产捐助(美以)美道会、(重庆)孤儿院、(中华基督教重庆)青年会三团体慈善公益"证道"善举的初衷,是个人基督徒身份认同信仰实践的最有力证明。

游记中关注国家现代化的具体行动与内心表白是刘子如先生国家认同实际体现的一个方面。让国人"惊异"的爱国举动,则是全面抗战初期,他以自己的社会声望组建重庆战地服务团,搁置自己参与的商业活动以及家庭事务,亲自带团去前线劳军 3 年。媒体有这样的评价:"对于这样一个家境富裕生活安逸而且年近七十岁的老人,出此举动,不免有些难解。然而事实上这位'老当益壮'的英雄,不但不曾辱没他的初愿,而且一直参加服务在那烽火连天的战区内,英勇坚定载满光荣和令誉。一年多当中,领导着重庆战地服务团男女青年数十人,由重庆出发沿长江赣浙皖诸省,在伤兵医院,在民间,在战线上,从事于救护、慰劳、宣传等工作,备受一切艰苦,不怕风雨的吹折,不怕炮弹的轰击的那种精神,可说是老先生的感示,青年们因为他而更加鼓勇斗志,坚苦迈进!在一般旧的传统习惯中,老先生是一个例外,他牺牲个人幸福,打破自私观念,担起了民族求存的责任。这在时代的青年人中,正是一个好的模范,一个值得效法的模范!"(白菲,《刘子如老先生在前线》,《前线》旬刊第十三期,1939 年1 月 1 日)[1]

历史名人的身份认同及其国家认同,存在着两种价值取向(即身份认同价值取向与国家认同价值取向)的关联认识关系,深刻影响着历史名人信仰的实际表现,成为当代中国历史名人研究的难题之一。这就是本文提出的地域文化研究中,"历史名人身份认同与国家认同信仰问题"的基本含义,在当代中国名人文化研究中很有普遍性。例如重庆抗战时期的历史名人,超越其社会地位、经济实力、阶级属性、政治面貌与文化影响等的爱国行动,是其国家认同的社会行为,但其阶级属性与政治面貌等身份认同的信仰选择,我们可能难以得出正面、肯定的文化评价。回避这个问题的学理探讨,不利于中华历史文化传统的继承与发扬,因为身份认同的价值取向,是个人核心价值观的信仰展示,往往会跨越时代、社会的囿限,顽强地表现在个体生命历程中,直至其生命的最后阶段。

文献有这样的记载:子如先生晚年身体每况愈下,生活质量大受影响,但79岁时的临终嘱咐字字清楚,他细致说明一个基督徒的葬式程序与仪式要求,最后特别提出,一定记住在坟茔上置放十字架。[1]这个嘱托只能说明,子如先生把他的基督信仰高过一切而成为其一生终极价值取向的事实,当然这也是他事业成功之后,一切社会行为的精神动力之源。笔者很认同戚功教授的意见,回避论子如先生的基督信仰问题,评价子如先生如何有现代化的思想、爱国精神、商业头脑、实业救国精神、教育救国精神、慈善事业之心、抗战热情以及其价值观教育的当下意义等,都是难以论说清楚的。[3]因为,剥离了基督信仰的慈善家、社会活动家、爱国者与实业巨商,就不是历史上的重庆名人刘子如了。刘子如人生价值的实现离不开他个人信仰实践的不断激励,而与其国家认同价值取向表现出的高昂爱国热情,则体现出两种价值取向关系认识,这具有深入研究的巨大学术意义。

从游记残本中,可以看到刘子如先生对待《圣经》的基本认识与"见证基督"的热情,而临终遗嘱有关十字架的细节要求,更是基督徒身份认同的虔诚表现,当然这都是需要进一步的学理阐释与论证的。

《圣经》观念、"见证基督"与十字架：刘子如基督徒身份认同的三个要点

游记残本中关于环球之行"演讲证道、宣扬福音"的有关记载中，《圣经》是刘子如"见证基督"的基本依据，更是他作为一位基督徒身份认同的重要特征之一。

明确提及《圣经》见证，除前述提及的游记卷三第十章"初赴加拿大"第九则日记之外，还有某卷第八章"英京之汗漫游"第七则："十三号，星期日，至卫斯理总会堂听讲，系论哥林多前书第二章属灵之事。"所记当是教堂听讲《圣经》，因其熟悉《圣经》有关内容而且有个人的信仰体验，所以日记文字表述得语气干脆、肯定、毫不含糊，流露出见到熟人的亲近感。而游记直接用到"见证"术语的有两处——卷三第十章第三十则："十四号晨，在大堂见证，听者千有余人。午后课书礼拜三处，每处千余人。""课书"即主讲《圣经》，到了三个讲经处，听者都很多。游记卷三第十二章"再赴加拿大"第五则："三十号晨，加拿大全国教会代表及苏格兰会、伦敦会三处协合代表共七十人同开年会。夜，年会请各地代表于大学校晚餐，由余见证，大得感动。"间接提到"见证"术语的也有两处——游记卷三第十章第二则："十七号，星期日，往本会大礼堂守主日。午后赴课书礼拜堂欢迎会，请余备讲自历明证……大受欢迎，争行握手礼者，不计其数。"游记卷三第十三章第十则："十二号午前，在浸礼会讲道，全体欢迎，因余非传道之人而能为主作证，故使彼辈受感匪浅。""自历明证"与"为主作证"，即与"见证基督"有相同内涵的术语。

刘子如以"非传道之人而能为主作证"，对《圣经》的崇拜、熟悉、认知、理解与个人实实在在的信仰体验是基础。早年在重庆市中区木牌坊伦敦会福音堂聆听《圣经》的经历，成为子如先生信奉福音派基督新教的开始和奠定其身份认同的基础。研究者指出："基督福音派坚信，在信仰与实

践上最高或最终的权威依据只能来源于《圣经》，作为上帝之道的《圣经》是超越了一切规则的最高、最终的规范或原则。福音派将权威置于《圣经》之中，《圣经》权威的性质成为他们的基本关注。对于一个基督徒来说，也是一个现实的问题，应该具体从何处着手去寻找和聆听上帝之道？通过什么样的途径能使上帝的历史的特殊的启示，同现今的处境相关联呢？根据什么样的源泉来获得上帝神启的权威性指导呢？当基督徒彼此意见相左时他们上诉的最高'法庭'又在何处呢？神学家詹姆斯·帕克指出，权威来自于上帝的启示，上帝对现在的人所说所做的一切，也就是他通过耶稣基督而对世界所说所做的一切，而《圣经》就是对上帝所说所做的权威性见证。"[4]

上述话语的内在逻辑似乎是这样的：《圣经》是上帝之道，当然是完全真实可信的，由此成为信徒思想与生活的最终权威。《圣经》话语内蕴的教诲，就是上帝对教会与信徒言说的"道"，要明白了解"上帝的意思"，人们就必须求助于《圣经》"书写的道"，个人的领悟成为关键。因此，研究者如是说："由（上帝）默示而来的《圣经》是完全而明白的神启的记录，解释和见证。福音派神学将《圣经》看作是发现永生之'道'的终极所在，相信它是永久保有救赎福音的神授文献，包含着上帝之道的《圣经》成了基督徒信仰实践的最高权威。"[4]

有意思的是，子如先生游记中有两则日记，似乎暗合研究者上述对《圣经》权威的论断。一则即某卷第八章"英京之汗漫游"第七则："十三号，星期日，至卫斯理总会堂听讲，系论哥林多前书第二章属灵之事。"一则为游记卷三第十二章"再赴加拿大"第四则："二十九号晨，大雨未出，特记多能（伦）多基督教发轫之历史……百年之中，尽力传道，先化土人，然后推及日本，再进而在四川各地……更忆余父母所奉之瑶池教，其中主张甚力者，为父不传子，兄不传弟，夫不传妻，甚么谈理不谈体，谈道不谈窍，以及头层、二层、三层，渐至则顶三层。所谓三千功，八百果，功果圆满步蓬莱,纯系诈欺取财之法门。迨银两用罄,饥啼号寒,而传道老师反云:汝终不过考程,佛已弃汝矣。余今入基督之门,始悉大道不分中外,有何秘密,深望诸君择善而从。圣人云:是道则进,非道则退。此之谓也。"断然放弃佛门而认信基督福音派,这与子如先生信仰实践的人生经历息息相关,离不开他的商业"打拼"与社会慈善"回报"一步步艰难前行的过程。他首先是从个人的"属灵之事"信仰体验认同福音派《圣经》观念的现实启示的。

"属灵之事"与基督徒"灵性生活"相关联,子如先生对福音派新教的信仰实践深有体会[5]。19 岁时为了个人发展前途,他孑然一身"负气出走"到重庆主城区,正在举目无亲、饥饿难耐、命悬一线之时,蒙临江门下红庙当家和尚怜悯收留,虽天天与庙内菩萨抬头不见低头见,却一点感觉都没有。这与子如先生在家里,目睹父亲执着于佛像崇拜却没有得到佛道感应的经历有关。与之形成鲜明对照的,却是子如先生皈依福音派基督新教成为"伦敦会教友"4 年,一心信奉《圣经》教旨,虽然经受生意场上的一连串失败,却能阵脚不乱,在耶稣基督信仰实践的引导下"三十而立",此后商业经营一帆风顺。"哥林多前书第二章属灵之事",有子如先生自己"证道"的信仰实践,当然子如先生对其备感亲切。

有识者认为,灵性生活历来在福音派基督新教信仰生活中占有十分突出的地位,成为其信仰的"标志性特征"之一。专家指出,"福音派神学信仰"非常强调信徒个人的救赎经验,"个体对于作为个人救主耶稣基督的信靠与遵从"的基督新教传统。也就是说,福音派基督教神学特别看重的是"个体的灵性重生"及其之后作为真正的基督徒"有意义的"信仰实践与充实的教徒"圣洁"生活。福音派神学认为,基督徒仅仅"对罪的宽恕"的信仰实践是不够的,必须要有"对罪的涤除"的努力,如此这般,基督信仰才可能使信徒个人真正拥有"全新的生命"。"传布和聆听福音可以使人转变成为一个基督徒,而灵性生活则可以使人在基督徒生活中不断获得丰富成长,也就是神学家说的'布道可以产生基督徒,而灵性则可以保持基督徒',坚持基督信仰的生活同坚持正确的神学教义有同等的重要性。强调灵性信仰的特征,是对二十世纪以前传统福音派注重基督教灵性生活传统的回归与发展。"[4]因此,专家认为,福音派基督教的信仰实践,特别强调"以《圣经》为中心"对基督教灵性的理解。这样,"以《圣经》为中心","它关注的主要不是什么精确的神学表述,而是对信徒与基督的个体救赎性相遇的促进与强化,使徒保罗在'哥林多前书'中将'属灵的人'与'属血气的人'作了区分(见《圣经·新约·哥林多前书》一章十四至十五节——引者)。'属灵的人'指'完整的人',并不局限于人的思维这一狭小的领域。基督教的'灵性'不仅包括人的精神而且也包括人的思想、意志、想象、情感和身体。检验基督教灵性的关键之处,就在于看一个信徒的心灵与生命,是否同作为其救主耶稣基督的信仰与品行保持着真正的一致性。"[4]而是否处处"以《圣经》为中心",是最便捷、最准确,也是最权威的检测方法。

可以说"以《圣经》为中心"见证基督的记录,在游记残本中处处可见。子如先生一年的环球之旅,从一位福音派基督新教信徒所为而言,就是"以《圣经》为中心"环球见证基督的信仰实践。有关记录虽然简短,却直接道出一位虔诚的基督徒"布道""灵性"对《圣经》教义的认读、理解与体验。子如先生对见证基督信仰实践的现场效果与心情描述的文字记录很多。诸如游记卷三第十章"初赴加拿大"日记数则——

日记之第二则:十七号"午后,赴课书礼拜堂欢迎会,请余备讲自历明证,由彭普乐、唐医生二君移译英语,大受欢迎,争行握手礼者,不计其数"。

日记之第十六则:"三十一号,星期日,入堂礼拜。沿街见各商店门前首悬余肖像,下注明今日在何堂演讲,甚至通衢繁区亦悬余放大之像,注明如前。余于晨间在少年礼拜堂演讲,有三百余儿童入听。十一钟,大礼堂仍由余登台主理。午后,老女信徒谆谆请余晚餐。夜礼拜后,老信徒等留余开茶,其间向余握手言欢者指不胜曲,兼有询问侨华亲朋儿女弟兄之安好者。"

日记之第二十四则:八号"夜在大堂主讲。未讲之先,有四百余人同来握手,亲爱至极。受感者云:余愿尽忠至死也"。

专家这样解读福音派基督徒倾心见证基督,"布道""灵性""事工"的神学内涵的:见证基督的"见证",即"为福音真理所做的见证。福音派信徒看来,这是牢记耶稣的'你们往普天下去,传福音给万民听'这一教诲的信徒,他们坚信'信道是从听道来的,听道是从基督的话来的。'因为'世人凭自己的智慧,既不认识神,神就乐意用人所当愚拙的道理拯救那些信的人'。福音派阵营中,福音宣教的任务主要落在普通信徒身上,认为传播福音是每一个信徒不可推卸的使命而不仅仅是属于专职教牧人员的工作。这是将一切信徒皆为祭司的观念推向极限化的形式。而且,为福音真理的见证,还被看作灵性成长的手段与方式之一,它为个人的灵性状态提供了一种公开的指标式标志。福音派信徒极为乐于同他人分享福音信仰的现象,甚至成为福音派限定自我身份的一个重要特征。"[4]游记卷三第十三章第十则云:"十二号午前,在浸礼会讲道,全体欢迎,因余非传道之人而能为主作证,故使彼辈受感匪浅。"可以认为是上述神学阐释的最好例证。

如果说1924年环球见证基督福音,让子如先生福音派基督徒身份认同得到极大鼓舞,成为1925年子如先生"毁家助善"——为重庆社会公益事业献出全部私人财产的直接原因,证实其福音派基督新教信仰实践"实质性"开启的话,他的临终遗言中有关十字架的嘱托,则有力证明子如先生福音派基督徒身份认同信仰实践过程的事实存在。

福音派神学家约翰·斯托特曾经说过,在基督教传播两千年的悠久历史过程中,除十字架之外,至少还存在7类对象能够成为基督教的象征和标志。试排列如下：

1.耶稣降生的马槽：这是上帝"道成肉身"的象征；

2.耶稣在拿撒勒劳动时用过的木匠长凳：耶稣体力劳动的尊荣象征；

3.耶稣在加利利湖畔用作讲坛的渔船：作为其教诲使命的象征；

4.耶稣为门徒洗脚时用来束腰的毛巾：耶稣谦卑待奉的象征；

5.耶稣安葬与复活的坟墓：耶稣从死里复活的象征；

6.耶稣升天后坐在天父右手边的宝座：耶稣最高神治的象征；

7.鸽子、风或火之类的信物：耶稣圣灵的象征。

以上 7 类选择对象的象征意义都很有意思，唯独选择耶稣受难的十字架为基督信仰的象征和标志，福音派新教神学有这样的论断："基督的十字架具有多重的成就和意义，是上帝的爱与正义的终极启示，是对恶的决定性的胜利，是人们得救的根基，同时也是牺牲的最高榜样和基督徒虔敬奉献的最有力感召。"[4]十字架成为基督信仰实践的象征和标志，研究者对相关神学原理的内在涵义是这样阐释的："因为上帝通过在十字架上的神秘作为，标明了神对世人重新悦纳的可能。原本同神处于和谐关系中的人因为人的罪而疏远了其造物主，这种罪导致整个人性的彻底的堕落。但由于上帝圣爱的恩典，由于耶稣基督在十字架上为世人所做的牺牲与赎罪，得以重新站在上帝的面前。在信仰与爱的待奉中同上帝重归于和好。十字架为上帝子民荣耀的自由开启了一条在福音派看来也是唯一的道路。基督在十字架上的死亡，可被看作获得救赎的唯一的、必需的同时，又是充足的根基。它既彰明了神爱世人的完满内涵，又确立了基督在信徒崇拜与宗教生活中的中心性。基督在十字架上的宝血与救赎，成为久久萦绕在福音派神学与灵性生活中的核心意象和观念，它遍及信徒之宗教信仰与实践的一切方面与领域。"[4]

子如先生不是神学理论家，而是福音派基督新教的信仰实践者。选择十字架作为自己身份认同价值取向的象征符号，可见他对福音派基督信仰所达的境界,也留下福音派基督教在华传播史上有关时代影响的痕迹。

经查阅史料可知,福音派基督新教在重庆的传教活动始于 1888 年,英国伦敦会派樊立德医生在重庆市中区木牌坊以及九尺坎 39 号两处购地 4 亩(1 亩≈666.67 平方米),建木牌坊福音堂和仁济医院用房。19 世纪末,正是基督教活动在四川难以展开的时期,1886 年爆发重庆第二次教案,1895 年爆发成都教案。刘子如却在 1896 年"入教归主",这说明福音派基督新教传播的《圣经》福音,深深打动了他。庚子事变后的 1901 年至 1920 年这 20 年,在教会发展史中被称为"黄金时代",在华传教事业出现前所未有的推动速度。"20 年的时间,基督教会努力改变中国人对教会的观念,到 1920 年各差会在四川开辟的总堂仅次于沿海的广东、江苏。1920 年,教徒人数已经超过三万人,在四川地区的外国传教士人数也仅次于江苏、直隶、广东三省,中国传教士也达 490 人。1920 年成为基督教在四川地区的发展巅峰。"[6] 这与福音派新教的教会传教,不同于天主教等级森严的教阶体制,形式自由,"教堂除了十字架以外并没有特殊要求",礼仪采用本地语言和较为灵活的形式讲读《圣经》,让信众很愿意成为基督信仰的实践者有关。1901 年至 1920 年这 20 年,也正是刘子如"三十而立"之个人事业发展的黄金时期。但 20 世纪 20 年代初几年,福音派新教在四川的传播渐入低谷,正处于个人事业巅峰时期的刘子如渴望信仰实践的见证机会。1924 年他能成为中国西南教区数万信徒的唯一代表,应"英属加拿大教会邀请,出席联合布道团百年纪念大会,又应英国基督教美以美会的邀请,出席在纽约召开的董事会",可见其在世界福音派基督新教界的影响。限于论题,这里不再展开了。

身份认同概念内涵的辨析及其与国家认同价值取向关联的信仰问题

进入 21 世纪以来,国内学界对于身份认同、国家认同等"认同研究问题"推出海量的学术成果,基于不同学科视角、不同研究目标的深入探讨,见仁见智,纷繁杂陈。本文限于篇幅,不宜作相关学术资讯的全面综合梳理,仅列举对身份认同概念的两种代表性阐释思路的成果并稍加比较,提出历史名人文化研究身份认同与国家认同关联的信仰问题。

《身份认同与身份建构研究评析》(2008)以社会学"身份/认同概念的发展"认识角度,从解析"身份"与"认同"概念的特定内涵开始,追踪"认同"概念研究 20 年的发展轨迹,最后对身份/认同概念的社会学意义得出研究者的学术论断。

身份这一概念已经成为社会学研究中的一个重要概念,它与类别、角色等概念相联系,揭示的是生活在社会中的个体与社会的关系。目前有关身份的理论研究主要有身份认同研究、社会认同理论等。'认同'译自英语的 identity,这个词本身有两重含义:一是本身、本体、身份,是对'我是谁'的认识;一是相同性、一致性,是对与自己有相同性、一致性的事物的认知。有对我群一致性的认知,必然伴随着对他群差异性的认知。因而对身份的研究,也就是对个人与社会、个人与集体关系的研究。[7]

追踪社会学领域中影响身份/认同研究的五条理论脉络(弗洛伊德和精神分析理论、G·H.米德和符号互动论、舒茨和知识社会学、涂尔干和结构功能主义、马克思和批判理论),推动学界身份/认同研究呈现出不同阶段的进展。20 世纪 60 年代是身份/认同研究发展的"关键时期",不断涌现的种种社会运动把相关研究"扩展到了更为宽广的领域";70 年代,身份/认同研究"更多应用于经济研究",同时"逐渐理论化"。这样,学术界几十年努力探讨身份/认同的内涵发展,"认同从一个心理分析的技术术语成为社会学研究的一个综合概念。认同不仅仅是简单的个人心理过程,它反映了个人与社会、个体与集体的关系;身份建构是一个过程,是不断变化而非一成不变的,对认同的研究要放在一定的情境中来考察,既要考虑到历史文化的影响,也要注意当下具体社会结构、社会情境的制约;

认同产生于同他者的关系之中,不同的关系产生不同的认同,关系的变化也会带来认同的变化;个人的认同是多重的,对身份的认同也是多重的,对多重身份的管理是个体身份认同的重要任务之一。这些多重认同是分层次的,在不同的情境下会侧重不同的认同。"[7]

《上海大学生基督徒的身份认同及成因分析》(2007)将社会学的身份/认同理论,实用于宗教社会学具体案例分析的项目操作,对上述内涵复杂的身份/认同概念作了简化,因为研究目标的清楚确认,其内涵的核心认同要点得到明确认定。关于"身份认同的含义"问题,研究者先从应用的术语词组说起,重点探讨身份认同英语词源的本义,最后落实到汉语成语的对应理解,这个思路非常利于解决理论应用中对种种问题的讨论。

华桦博士认为:"对认同问题的研究涉及广泛,如民族认同、文化认同、政治认同、性别认同等等。"[8]据笔者了解,近年来涉及的认同问题热点还有国家认同、社会认同、族群认同等。因为认同一词在日常生活中普遍存在,使用者常常对其不加学术界定而直接应用于问题研究,常造成歧义。但只要按照学术规则,明确认同研究实际对应的研究对象,对认同问题加以确认,诸如基督徒身份认同、刘子如国家认同的基督徒身份问题,认同研究就不会像一些文献资料那样给读者似是而非的阅读感觉了。

华博士指出,因为认同一词是一个外来语,译自英文单词"identity",现代汉语亦同时将其译为"身份"和"自我同一性"。依据西语的词源资料,今天英语中的"认同",即"identity"一词在历史上的意义,较完整地保留在它的衍生释义词组"the same(相同的东西)"之中。"identity"最初来源于拉丁词"idem",由词根"id(意为它,那一个)"和后缀"dem"组成,早在17世纪即应用于英语文献中作为代词使用,具体表示"文章在生前引用过的作者或文本,具有同前所引的标准意义"。从这一类标注用词,发展为后来的拉丁词"identitas",字面上的意思是同一性。当它转为英语单词"identity"时,常用于表示"某些事物是相同的,一致的,或者就是它本身(而不是其他的东西)"。"identity"的主要词义是"整体性、个别性、独立存在，或一种确定的特性组合"。上海译文出版社《英汉大词典》(1989 年版)中的"identity"词条有如下释义：名词；①身份，本身，本体；②同一人，同一物；③同一(性)，相同，一致；④个性，特性。[9]研究者认为，上述释义其实有两个含义："第一，同一性，即两者之间的相同或同一。第二，独特性，它表现为在时间跨度中所体现出来的一致性和连贯性。"寻找英语词源本义的丰富过程，可以认为"'认同'一词揭示了'相似'(similarity)与'差别'(difference)的关系。'相似'与'差别'是认同的两个不同的方面。一个人的前后同一性或一个群体的成员之间的相似性，同时也构成与他人('他人'或'他们')的差别。因此，在翻译中，当 identity 侧重于彰显差异时，常译作'身份'；突出同一时，常译作'认同'。为了强调整体概念，亦有作者译作'身份/认同'，以求整合 identity 一词在个体和群体两方面的意义。有研究者认为，identity 一词译作'认同'较之'身份'更具有动态的意义，在后现代的立场上较能保持英文的原意。因为从后现代来看，身份本身变得既不确定、多样且流动，正需要一个'认同的过程'去争取。身份来自认同，而认同的结果也就是身份的确定或获得，成语'验明正身'即有此意。"[8]例如，子如先生 1924 年的环球见证基督，一年中在 10 多个国家的 20 多座城市见证演讲 70 多次，可以认为这就是他作为基督信徒造成世界影响的"认同的过程"之一。

由于认同问题的实际考察与相应学科知识的应用限制分不开，因而不同学科中对"identity"一词的译法是不一样的。例如心理学中译为"自我同一性"，哲学中译为"自我认同"，社会学和文化学中常用"身份认同"的译法，"虽然不同译法所蕴涵的意义各有侧重，但'身份'和'认同'这两个含义始终统合于其中"。[8]

历史名人的文化研究，通常首先应用与"身份认同"有关的社会学、文化学学术研究成果。例如刘子如基督徒身份认同问题，探讨的是子如先生对其基督徒"身份或角色的合法性的确证,人们对此的共识及其对社会关系的影响"。因此,子如先生基督徒身份认同的判断,应符合华博士提出的个体主体的基督徒身份认同的三个"判断标准"。

第一,"个体能明确自己是某群体的一分子"。英国社会学家安东尼·吉登斯说过:身份认同是指个人对自己角色的一种自我确认,它是个人系列个性的统一,是一个人区别于另一个人的整体标识,他是个人依据个人经历所形成的,作为反思性理解的自我。[10]关于刘子如基督徒的身份认同,其在临终前有关在坟墓上置放十字架的要求,应该最有说服力。这是子如先生对"我是谁?"——"我是基督徒"的最后确认。

第二,"明确自己在群体中所扮演的角色和地位,以及该角色所应承担和履行的责任、义务以及应具有的权力"。华博士解释这条"判断标准"说,"身份认同的达成必须借助于身份系统的基本功能,那就是对社会成员所处的位置和角色进行类别区分,通过赋予不同类别及角色以不同的权利、责任和义务,在群体的公共生活中形成'支配—服从'的社会秩序。"[8]《刘子如自述》,就是子如先生作为一位虔诚的福音派基督徒,"明确自己在群体中所扮演的角色和地位,以及该角色所应承担和履行的责任、义务以及应具有的权力"的基督徒身份自我认同的佐证,这里没必要重复展开分析。

第三,"个人对该群体的价值表示认同"。前两个判断标准更多考虑的是身份认同的外在表现,那么第三个标准涉及身份认同的内在价值。社会心理学认为,群体本身具有四个特点:角色、地位、规范、凝聚力。无论是个体对群体规范的认可或是凝聚力的产生,都需要价值观的支撑。[8]毋庸置疑,身份认同的第三个"判断标准"非常重要。就重庆历史名人刘子如的研究文献资料而言,符合身份认同判断标准的第一个和第二个方面的资料相对多一些,可以认为,《刘子如研究与史料选集》上下两册的大部分文字都是。而除游记残本、《刘子如自述》之外,子如先生基督徒身份认同内在价值展示的史料已经很难找到了。这当然是非常遗憾的事。

全面抗战爆发初期，子如先生自发组团前往浙皖前线劳军 3 年，成为他爱国情怀的集中表现，并因此得到国民政府的褒奖。这与子如先生的基督信仰有关联吗？子如先生的抗战激情，就是他实际践行国家认同的证明。专家指出，对"国家认同"这个社会文化现象研究的专属概念进行界定，有两种表述："一种是看'谁认同'，通过对心理过程的描述来定义，是一种明确自己所属国与对其认识的心理过程。在这一过程中，人逐渐对国家产生认同、热爱之情，从而表现出对国家的忠诚、支持与依赖。另一种是看'认同什么'，具体包括这个国家的历史发展、文化传承、国家主权等相关内容。通常情况下，认同主体的心理情感受所认同内容的影响。"概言之，国家认同是一个人或群体确认自己属于哪个国家之后形成的一种对其认可与接受，与爱国主义相联系的情感。[11]学术界一般将国家认同划分为两种情感类型：①"文化性国家认同"，是"个体对国家的主流传统文化、信念等方面的认可、接受和热爱的程度"；②"政治性认同"，是"对国家的政治制度、政治理念等方面的认可、接受和热爱的程度"。[12]

政治学研究首次引入国家认同概念，是在 20 世纪 70 年代第三次民族主义革命浪潮后，国家认同政治学意义的重要性逐渐得到展示。现代国家重视国家认同这一公民意识的教育，从学理而言，人自出生以来，就具有属于某个国家的公民身份，这是国家认同的前提，在以后的生活中，这样的国家公民会逐渐形成对其历史、文化、主权以及信仰等的认同。公民在确认自己的归属国以后，国家认同感随着分享其所属国的历史经验、文化传统等公共利益时产生，表现为认可和服从所属国的法律、制度、领导人等权威要素，并产生出依附于这个国家的归属感的心理过程以及效忠行为。公民在将个人利益与自己所属的民族利益自愿地归属于国家的时候，体现出"生于斯，长于斯"的依恋之情。在国家受到外来列强侵略的时候，就会自觉地拿起武器保卫国家。由此我们知道，国家的存在与发展需要依靠这种国家认同的公民意识。[11]

值得我们注意的是,刘子如的基督信仰实际成为其国家认同自觉表现的指南。这之中的根本原因在于"信仰基督教对自我的肯定"让子如先生的自我意识得到自觉建构。研究者指出:"信仰基督教确证了个体存在的价值和独特性。如果说责任感和群体归属多少还是依靠于外在的条件来型塑身份认同的话,那么这种独一无二的价值则使个体真正从内心产生了对身份的自我认同。"[8]也就是说,自我认同自觉达成的经历有一个三层次(阶段)进步的完整过程:个体主体需经历"群体认同",然后到"社会认同",第三阶段才可能真正抵达"自我认同"。而"个体存在的价值和独特性"没有得到确证,作为现代社会发展基石的公民就不会出现。所以,从这个意义上说,刘子如基督信仰的身份认同,成就了他的国家认同。当然,这个问题涉及的相关阐释,需另文专题展开。

国内福音派基督信仰实证研究 10 年前得出的一个论断,值得我们认真思考,谨照录于此,作为本文的结尾:"笃信基督的人们,最关注的乃是他们与上帝的关系。可以说,此关系成了他们生活中最重要的坐标系,也是他们生命的意义与价值所在。主观上,基督徒对上帝的驯服造就了他们的优良品性,而在客观上,这种优良品性却表现为对社会的驯服。基督徒通过与神建立良好关系,从而实现了与人、与社会建立良好关系……这是传统宗教在现代社会发挥良好作用的一个范例。"[8]

参考文献

[1]重庆历史名人馆.刘子如研究与史料选集(下)(内部资料)[C].

[2]赵心宪.刘子如的基督教信仰——重庆历史名人《刘子如自述》文本读解与思考[J].西南民族大学学报(人文社科版),2008(12).

[3]戚功.关于倡导子如精神的五点建议[C]//重庆历史名人馆.刘子如

研究与史料选集(上)(内部资料).

[4]董江阳.现代基督教福音派思想研究[D].北京:中国社会科学院.2007.

[5]刘子如.刘子如自述[C]//重庆历史名人馆.刘子如研究与史料选集(下)(内部资料).

[6]刘雅旖.简论近代西方基督教在四川地区的传播[J].阿坝师范高等专科学校学报,2006(1).

[7]王莹.身份认同与身份建构研究评析[J].河南师范大学学报(哲学社会科学版),2008(1).

[8]华桦.上海大学生基督徒的身份认同及成因分析[D].上海:华东师范大学,2007.

[9]英汉大词典[M].上海:上海译文出版社,1989.

[10]安东尼·吉登斯.现代性与自我认同:现代晚期的自我与社会[M].北京:生活·读书·新知三联书店,1998.

[11]陈光军.论民族认同与国家认同及二者的关系[J].广东开放大学学报,2015(2).

[12]马得勇.国家认同、爱国主义与民族主义——国外近期实证研究综述[J].世界民族,2012(3).

重庆历史名人研究杂谈

□ 胡昌健①

过去的 30 年中,笔者研究过一些与重庆历史有关的名人,如:唐代李远;宋代黄庭坚、赵谂、彭大雅、晁公武兄弟、冯时行、尹焞、冯忠恕、度正、谯定、曼渊、税与权、阳枋;明代邹智、来知德、张佳胤、于成龙、刘菿、刘福、陈新甲、杨孟瑛、王应熊、倪斯蕙;清代破山、周煌、段玉裁、龚晴皋、刘道开、龙为霖、姚觐元、黎庶昌;现代吴芳吉;等等。许多人是被列入《重庆历史名人典》[1]的。

研究历史人物,有各种方法。可以从地方历史、人物生平、功业事迹、历史事件、思想变化、学术成就、师承关系、道德行为等各方面去研究。

笔者的研究,大都是以考证"年谱"或行年来做的,如《此"夫子"非彼"夫子"》《彭大雅考》《冯时行行年事迹再考》《明铜梁居来先生年谱》《明兵部尚书兼文渊阁大学士巴县人王应熊年谱》《来知德年谱补》《增订兵部尚书加太子少傅周煌年谱》等等。有关文章分别收入拙著《恭州集》[2]《巴蜀史地与文物研究》[3]中。

---

① 作者系重庆市人民政府文史研究馆馆员。

在研究中,笔者感到:研究历史名人,要尽可能地使用可靠的史料、文献、实物等,避免以讹传讹,一误再误;研究本土历史名人,可以充实地方史的研究内容,补充地方史某方面的不足;用年谱、行年事迹考证来研究历史名人,可以看到某位历史名人一生的全景,了解其在历史上的地位与作用,尽量还其原貌;通过发掘文献史料,可以发现以前没有被人注意的、被"埋没"的历史名人;研究历史名人,不是为研究而研究,应弘扬历史名人的高风亮节,让今人能从中得到启示、启发,学到这样或那样的东西。

下面笔者举几个人物,简单谈谈笔者的一些研究考证工作。

一、关于黄庭坚在重庆彭水及涪陵白鹤梁"元符庚辰涪翁来"题刻

黄庭坚,《重庆历史名人典》人物之一。绍圣元年(1094 年),黄庭坚因修史获罪,被贬为涪州别驾,黔州安置,于绍圣二年(1095 年)四月抵达黔州。三年后又"戎州安置"。又三年,东归。后贬宜州,死焉。笔者多年来即欲对黄庭坚在彭水的事迹做一番了解和研究,后搜集资料,完成《黄庭坚谪巴蜀年谱诗文尺牍文物综考》[4]一文,对黄庭坚在巴蜀六年间的年谱、诗文、尺牍、文物做了部分考证,并对有关学者的研究成果(如郑永晓《黄庭坚年谱新编》[5])中的错误做了纠正。

黄庭坚进峡,到达巫山县,他是走哪条路线到彭水(黔州)去的呢? 黄庭坚词《减字木兰花·登巫山县楼作》中,有"春水茫茫,欲度南陵更断肠"句;其诗《次韵茂宗送别二首》,有"一百八盘天上路"句。"南陵"在哪里? "一百八盘"在哪里?

陆游《入蜀记》云:"二十四日早,抵巫山,县在峡中,亦壮县也……隔江南陵山,极高大,有路如线,盘屈至绝顶,谓之一百八盘,盖施州正路。"即巫山县城对岸有"南陵山",盘山小路称为"一百八盘"。经笔者考证,黄庭坚先在北岸巫山县城稍停留,旋过江,由一百八盘小路翻越南陵山顶,经施州入黔州,即山谷(黄庭坚号山谷道人)入蜀的船行路线至巫山为止。

黄庭坚《减字木兰花》序云"距施州二十里,张仲谋遣骑相迎"。《天下郡国利病书》:"山谷入黔州安置,取道施州。"即证黄庭坚由此路赴彭水。

《黄庭坚年谱新编》谓山谷入黔"途经云安军(云阳县),游云崖寺,留遗墨",误。云阳县在巫山县上游,作者未详黄庭坚入蜀后赴彭水之路线,谓其"途经施州",又云途经云阳县,则路线乱矣。

黄庭坚到涪陵,是在绍圣五年(1098 年)三月即元符元年三月,是时尚未改年号,其游涪陵北崖并题"钩深堂"当在此年。

《黄庭坚年谱新编》谓绍圣五年(1098 年)黄庭坚"三月中到涪陵",作者注"(涪陵)今四川彭水县",误。宋时彭水为黔州驻地,在乌江

涪陵北崖黄庭坚"钩深堂"题刻拓本

上游;涪陵县为涪州驻地,在乌江下游与长江交汇处。按《黄庭坚年谱新编》言,则是山谷离彭水到彭水,误。

光绪元年(1875 年)《彭水县志·金石》,有《黄鲁直题石》,云:"道光间,小北门居民掘土得石刻云:'杨皓明叔、任刊子修自城西来,会于石间。'凡十六字,旁有'涪翁题'三字,字画完好,宋代真迹也。"此石原存彭水城内"汉葭公园",后移至县文化馆后之石穴中。"文革"中,彭水县修招待所,此后,该石不知所踪。陆增祥《八琼室金石补正》谓此题刻"当在元祐间",误。重庆中国三峡博物馆藏有该题刻拓本。

黄庭坚,晚年号"涪翁"。涪陵白鹤梁题刻中有"元符庚辰涪翁来",以往文献皆认为系黄庭坚所书。经笔者考证,此乃伪刻。绍圣二年(1095年)四月黄庭坚抵彭水贬所,元符元年(1098 年)春移戎州(宜宾),元符三年(1100 年)遇赦东归,十二月中旬离戎州出夔门。建中靖国元年(1101年)二月二十六日黄庭坚离开涪州下群猪滩(涪陵下游),即可推知其由江

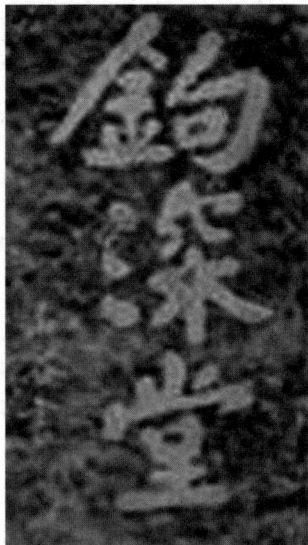

安到达涪陵、淹留涪陵是在该年二月间。其跋《此君轩诗》时已款署"建中靖国元年正月",到涪陵后不可能再使用"元符庚辰"年月。"元符庚辰",即元符三年(1100年),他还在戎州,未到涪州,而白鹤梁上却有"元符庚辰涪翁来"题刻。此刻不可能刻于黄庭坚东归至涪陵时,因其时已是建中靖国年号。

《黄庭坚黔州题名》拓本

此刻当是涪州敬仰黄庭坚者所书。书者知其遇赦是在元符庚辰,因是年初徽宗即位,为元祐、绍圣年间被贬之人平反,然书者不知山谷东归过涪州之具体时间,想山谷既遇赦,过涪州,当然是在元符庚辰,想当然而已。而白鹤梁上有名人题刻数通,山谷过涪州两次却无题刻,亦是遗憾之事,故涪州"好事者"做成此事。崇宁初,蔡京立党人碑,苏轼、黄庭坚等人石刻皆被摧毁,称为"崇宁毁碑",当时不可能有人在白鹤梁上为山谷作纪念刻石,故此刻当刻于蔡京失势、元祐党籍碑毁碑之后。又,从书法角度来看,此七字绝非黄庭坚所书。

"元符庚辰涪翁来"题刻拓本

黄庭坚书法选字

二、关于谯定与"焦夫子"

历史文献中,宋代"谯定"往往作"焦定"。焦、谯二字可通。南宋谯定,字天授(一作"天发"),号达微,又号可翁。宋祝穆在《方舆胜览》卷六十一《涪州·名宦》中说："谯定,字天发,乐温县(长寿——引者注)玉溪人……不知所之,或以为得道,隐青城山。"

北宋初,四川岷山有隐者"焦夫子","亡其名",宋人周表撰有《焦夫子碑记》。

"焦夫子"隐于"岷山",谯定隐于"青城山"。两者年代前后相差200年。因焦、谯二字可通,故"焦夫子"、谯定就被今学者有意无意地认作是同一个人了。

笔者通过文献中对南宋谯定与北宋"焦夫子"形象之记载,及其年龄、籍贯分析,认为《焦夫子碑记》中的"焦夫子"与长寿人谯定不是同一个人,为此笔者曾撰成《此"夫子"非彼"夫子"》一文,为2015年11月"第三届中华长寿文化暨儒学宗师谯定学术研讨会"参会论文之一。

三、关于彭大雅与《渝州老人歌》

彭大雅,《重庆历史名人典》人物之一。《四部丛刊》中元人袁桷(1266—1327年)《清容居士集》中有《渝州老人歌》,该诗副标题"新城彭大雅筑",说明此诗与彭大雅有关。然此诗中之"渝州老人""程氏"等,学者多未知其详。

经笔者考得"渝州老人"乃彭大雅之孙,然名不详。"程氏"为女性无疑。究为何人,不得详考,当以其为"渝州老人"之祖母为是,即彭大雅夫人。若准此,则嘉熙四年(1240年)彭大雅祖孙三代在重庆无疑。彭大雅之妻,历史上未留下其姓名,据《渝州老人歌》可知其姓程。程氏卒于重庆,因战乱无法迁回原籍而葬于重庆。

又考得彭大雅致仕于吴越。《宋史·理宗二》谓嘉熙四年"三月辛未,诏四川安抚制置副使彭大雅削三秩"。张政烺先生云"大雅去蜀当在淳祐元年八月之后十二月之前。"[6]《宋史·理宗二》谓淳祐元年(1241年)十一月"丁丑,侍御史金渊言:彭大雅贪黩残忍,蜀人衔怨,罪重罚轻,乞更窜责。诏除名、赣州居住"。雍正《江西通志》引旧志本传原跋：按，彭大雅集中有《致仕得请》七律二章，非卒官重庆者。

彭大雅后在吴越为官。王逢诗"……天忘西顾二十年，亩尽东南数千里。武侯祝文何乃伟（指刘一清《钱塘遗事·彭大雅》句——引者注），……太湖底宁鱼米丰，官廨喜与闲门同。……诗狂昭谏客吴越，……"太湖、官廨、客吴越，是其证。大雅"削三秩"后，虽为官，然"与闲门同"，仍"诗狂昭谏"。"渝州老人""家住金陵""里妇惊猜讶吴语"，可证彭大雅后人居金陵。

宋代大夫七十而致仕。彭大雅或七十岁于吴越致仕而归田里。淳祐十二年（1252 年）"诏追录彭大雅创城渝州功"，可证彭大雅致仕后旋卒，故有"诏追"。若准此，则应前考彭大雅当生于淳熙年间（1174—1189 年），卒于淳祐五年（1245 年）至淳祐十二年（1252 年）间。

四、关于冯时行的生年及宦迹

冯时行，《重庆历史名人典》人物之一。有关冯时行之历史文献，皆无其生年记载。乾隆《合州志》冯时行《龙多山鹫台院记》："绍兴己卯（1159 年——引者注），行年五十九，被命守沈黎（今四川汉源县——引者注），道由兹（龙多——引者注）山……绍兴三十二年十一月缙云冯时行记。"推知冯时行生于建中靖国元年（1101 年）。冯时行守沈黎两年后，绍兴三十一年辛巳（1161 年），造朝京师，嘉庆《四川通志》卷三十七《祠庙》冯时行《丹棱县夫子庙记》："绍兴丙寅尝令是邑，后十有六年，岁在辛巳，时行有假守沈黎，被旨造朝，道过眉山。……时绍兴辛巳记。"《缙云文集》卷四《墓志铭》冯时行《杨隐父墓表》："绍兴乙卯、丙辰间，某尝令丹棱。"乙卯、丙辰，绍兴五年（1135 年）、六年（1136 年）。《杨隐父墓表》所记甚确。而《丹棱县夫子庙记》"丙寅"当作"丙辰"，"后十有六年"当作"后二十有六年"。辛巳（1161 年）后推 26 年，乃丙辰（1136 年）也，冯时行 36 岁，亦与《龙多山鹫台院记》己卯年 59 岁合。

冯时行籍贯，有璧山、巴县说。

《蜀中广记》卷九十九《著作记第九》：《缙云集》四十三卷，"冯时行著，字当可，巴县人"。

嘉庆《四川通志·进士》"冯时行"："璧山人。"《钦定续文献通考》："时行，字当可，璧山人。"冯时行《缙云文集》："时行，字当可，璧山人……尝居(巴)县北缙云山授徒，因以为号。"同治四年《璧山县志》有冯时行传，谓冯时行"宋恭州属之璧山人"。

民国《巴县志》卷十《人物·冯时行传》："缙云山于宋在璧山县境，故同时人晁公武题记著璧山冯某，而《时行文集》又以缙云名此，旧《通志》诸书所以著时行为璧山籍也。阅缙云全集，多乐碛及缙云山居之作……时行家在乐碛，读书缙云，当亦有田宅在璧山，相去百余里，往来其间，并著两县籍，揆之情事，以为近实。"意思是冯时行"并著两县籍"。

要注意，南宋绍兴间重庆朝天门水下"灵石"《晁公武丰年石题记》："昭德晁公武休沐日，率单文张存诚、璧山冯时行、通泉李尚书、普慈冯樽同观晋唐金石刻。"(见民国《巴县志》卷二十《金石》)冯时行籍贯，以璧山为是。

以文物来证明冯时行的宦迹。建炎二年(1128 年)，冯时行 28 岁，任奉节县尉，游云阳"龙脊石"，并题刻。绍兴十一年(1141 年)"绍兴和议"，宋向金称臣。冯时行等斥和议，忤秦桧，坐贬。坐贬后，在重庆，观朝天门"灵石"。绍兴十八年(1148 年)、二十六年(1156 年)，冯时行游巴县迎春石，并题刻。重庆中国三峡博物馆藏有这些题刻的拓本。

云阳"龙脊石"建炎二年冯时行题刻一

云阳"龙脊石"建炎二年冯时行题刻二

绍兴十八年巴县迎春冯时行题刻

五、关于明代嘉靖间致仕刑部尚书重庆长寿人聂贤生卒年

"百度百科"有明代嘉靖间致仕刑部尚书重庆长寿人聂贤条目,谓:聂贤(? —1540),字承之,号凤山,四川长寿县(今重庆市长寿区晏家乡牛心山聂家坝)人。经查《明代职官年表》聂贤简介:"聂贤(1466—1540)",发现该简介聂贤生年有误。简介又谓聂贤"嘉靖十九年卒,年七十五",亦误,既谓卒年75岁,怎么可能生于1466年?

笔者得知,重庆市长寿区文物管理所有关聂贤的资料谓其"生于明景泰五年,卒于明嘉靖二十三年,享年90岁",及网上关于聂贤的诸多文字往往有误。按《明实录·明世宗实录》卷一七五,嘉靖十四年(1535年),聂贤"以年七十五",即该年聂贤75岁,其生年当在天顺五年(1461年)。

又,《明实录·明世宗实录》载嘉靖十九年(1540年)七月甲寅聂贤卒于家乡。七月甲寅"致仕刑部尚书聂贤卒"。《明代职官年表》谓嘉靖十九年七月"甲寅、廿五,(聂贤)卒。"以其生年位于天顺五年(1461年)至嘉靖十九年(1540年)间,推断聂贤卒时80岁。

六、刚愎自用,为"士论所耻"的王应熊

王应熊,《重庆历史名人典》人物之一。明代巴县名人甚多,而累官至礼部尚书兼东阁大学士、南京兵部尚书兼文渊阁大学士的王应熊,则是一位颇受争议的人物。王应熊是万历、天启、崇祯三朝中举足轻重的人物,其一生处于风云跌宕之际,如修改《明光宗实录》之争、辽左连年用兵、奢崇明及安邦彦之变、张献忠入川、明亡、南明政权立等。

王应熊(1589—1647年),字非熊,一字春石,巴县乐碛青溪里(今重庆市渝北区洛碛镇)人。万历四十年(1612年)举人,四十一年(1613年)进士。崇祯三年(1630年)官礼部右侍郎。崇祯五年(1632年),进左侍郎。崇祯六年(1633年),擢礼部尚书兼东阁大学士。崇祯十七年(1644年),福王即位南京,王应熊为兵部尚书兼文渊阁大学士,督川、湖、云、贵军务,专办蜀寇(张献忠、孙可望、李定国等)。博雅能文,尤工诗,著有《春石集》。

王应熊刚愎自用,买通"外戚","擢礼部尚书兼东阁大学士"。崇祯五年时,王应熊还是个"礼部左侍郎"。崇祯六年,皇帝请大臣们推荐"阁臣"(大学士),但大臣们都不推

巴县迎春石明崇祯十年王应熊题刻:"春石,余别号也,义取此洲矣。王应熊非熊甫识。"

应熊,认为他资历、威望太轻,脾气又坏,不能做大学士,但宣布结果时,大学士中就有王应熊的名字,整个朝廷一片惊骇。王应熊是崇祯皇帝"特旨"擢升的。有一个叫章正宸的小官敢于把大家不敢说的话说出来了:

"章正宸劾之曰：'应熊强愎自张，纵横为习，小才足覆短，小辨足济贪，今大用，必且芟除异己，报复恩仇，混淆毁誉……且讹言谓左右先容，由他途以进。'""由他途以进"，是怎么回事？"王应熊与田戚畹通，降中旨入阁。"戚畹，犹戚里，帝王外戚聚居地，借指外戚。田戚畹，田姓的外戚。即王应熊买通了一个姓田的"外戚"。崇祯六年（1633年），王应熊45岁，而当时还很年轻的崇祯帝听了"田戚畹"为王应熊说的好话，应熊终于成了"礼部尚书兼东阁大学士"，但"士论所耻"。

王应熊与周延儒、温体仁两"奸臣"（周、温皆入《明史·奸臣传》）是互相勾结、利用的。崇祯八年（1635年）王应熊因庇座主杨一鹏，预泄诏旨，被罢官，在巴县老家赋闲了7年。崇祯十五年（1642年），周延儒荐王应熊以自代，"盖资其强狠为援也。上从之，命召应熊"。王应熊被再召，是他贿赂了周延儒。

王应熊与温体仁是"朋比误国"的人。《明史·列传·冯元飙》云：崇祯"八年春（冯元飙）还朝。时凤阳皇陵毁，廷臣交论温体仁、王应熊朋比误国。"章正宸说王应熊与温体仁是"衣钵"关系。黄宗羲在《南雷集·吾悔集·吏部左侍郎章格庵先生行状》中说："巴县，乌程之衣钵也。""巴县"，指王应熊。"乌程"，指温体仁，温体仁是乌程人。王继承了温的"衣钵"。王应熊与此二人裹在一起，难怪当时民间有对联云："礼部重开天榜，状元、榜眼、探花，有些惶恐；内阁翻成妓馆，乌归、王巴、簏片，总是遭瘟。"（见明文秉《烈皇小识》卷四）

上联指黄士俊、孔贞运、陈子壮。"惶恐"，即黄、孔。下联，乌归（温体仁，乌程籍，归安人）；王巴（王应熊，巴县人）；簏片（吴宗达绰号簏片）。瘟，温体仁。由此可见王应熊在人们心中的形象。巴县历史上有记载的名人被人如此恶骂的，恐怕只有王应熊了。

王应熊仗势破倪斯蕙家。倪斯蕙，巴县人，万历二十年（1592年）进士，太常寺少卿、光禄寺正卿、南京户部侍郎。崇祯八年（1635年）九月，王应熊放归田里后,至崇祯十二年(1639 年),其胞弟王应熙与倪斯蕙之子倪天和相倾轧,成为巴县历史上的一大案。王应熙仗应熊之势,横行乡里。而倪天和在父亲倪斯蕙权盛时,亦横甚。王应熙与倪天和的争斗,是两家权贵的私斗。倪斯蕙渐衰后,"王氏(应熊)方贵盛",以前附和倪斯蕙的人,又去附和王应熊,于是"天和不能平,尝奋臂与争,积瑕累衅"。巴县"乡人赴京,击登闻鼓",讼王应熙居乡不法;而王应熙也嗾使倪斯蕙的从孙倪大成赴京控倪斯蕙在籍不法,双方互不示弱。崇祯十五年(1642 年)冬,皇帝又召应熊入朝,最终是应熊复起,又显赫起来(旋被贬回巴县),倪天和被囚,"倪氏倾覆殆尽",倪斯蕙"忧愤以卒"。参见《明史·王应熊传》、民国《巴县志·倪斯蕙传》。

笔者曾撰有《为"士论所耻"、"里党怨"的文渊阁大学士》一文,载《巴蜀史地与文物研究》[7]。

七、关于龚晴皋的行年

龚有融,字晴皋,清代巴县书画家,《重庆历史名人典》人物之一。重庆中国三峡博物馆及重庆一些文物管理所皆藏有龚晴皋书画作品。关于龚晴皋的生卒年,有关书籍的记载往往有误。要考证其生卒年,就需要以文物(实物)来证明。

重庆中国三峡博物馆藏有龚晴皋行楷书临《兰亭序》,款署"戊子秋八月,晴皋临于碾斋,年七十四"。戊子,道光八年(1828 年)。由此推断龚晴皋生于乾隆二十年(1755 年)。

龚晴皋多次参加科举考试,但屡试不售,心绪不佳,于诗中常有流露。嘉庆十六年(1811 年)朝廷"大挑选",选拔人才,给予官职。是年,龚晴皋57 岁,赴京"谒选",有《邯郸道中》诗,其诗序云:"予衰矣,饥驱入都谒选,过邯郸,道吕祠口占。因忆元亮高风,尚作彭泽之想,官味未尝,聊复尔尔,一笑。"诗中有"莫怪人间睡汉多,饥人梦甑笑呵呵。先生试煮黄粱饭,饭未熟时吃什么"句。[8]龚晴皋以德高望重,58 岁时以大挑选一等,授山西崞县(今山西原平)知县。龚晴皋赴崞县,是北经汉中,西折邯郸,再北上山西的。其出入巴蜀,或取北路,或取水路过三峡,在所到名胜,往往有诗,如《过卧龙冈口占》《马嵬》《过华阴作》《经白帝城》等。

在崞县,龚晴皋有《山右可园四咏》诗,其序云:"壬申二月雪后,于崞署隙地辟小园,种花、垒石,设几案于窗前,隔墙有杏树,树杪露西城,颜曰可园。"[9]可园者,可退食,可课儿,可看山,可赋诗也。壬申,嘉庆十七年(1812 年)。

1995 年,笔者曾向山西原平县志办公室查询,山西《崞县志》载,嘉庆二十年(1815 年)知县龚晴皋在任。是年初,龚晴皋因忤上,调山西石楼县知县,不就,以老病辞,还蜀。去官时,"崞县民攀辕泣送,为立生祠"(《巴县志·人物·龚有融》)。

道光十年庚寅(1830 年),龚晴皋 76 岁,在巴县。是年,作有《芭蕉图》轴、行书"雅座"二大字、行书"虚窗熟睡谁惊觉无人夜自春"轴。又有行书轴云:"黄鲁直悬东坡像于室中,衣冠荐香,肃揖甚敬,或以同时相上下为问,则离席惊避曰:庭坚望苏公门弟子耳,安敢失其序。晴皋。"款为"庚寅书"。庚寅,道光十年(1830 年)。

道光十一年辛卯(1831 年),郭尚先在四川学政任上。郭尚先在《芳坚斋题跋·龚晴皋书画》中写道:"龚晴皋大令,人品高雅,引年后足迹不至城市,极自重其书画。作大字纵横有奇气,当其合作,往往似通明鹤铭,不甚易遇耳。作画尤横厉,颇得天池生、苦瓜和尚、八大山人之趣,随笔为之,无复定法。辛卯四月,余科考重庆,君已没,遗言以一册一扇一楹帖见赠,且曰:作书画四十年,无能识者,兰翁当识之。余乌能知君书画,颇感君意,附记于此,辛卯六月朔书。"时年,郭尚先 48 岁。即龚晴皋卒于道光十一年(1831 年)初,享年 77 岁。

龚晴皋没有见到郭尚先,但他知道郭尚先来重庆督考,"遗言以一册一扇一楹帖"赠郭尚先。在书画艺术上,龚晴皋是"孤独的",因为他"作书画四十年,无能识者,兰翁当识之"。兰翁,即郭尚先,字元开,号兰石,福建莆田人。

龚晴皋卒前,作《自题墓碑》诗:"不书姓氏不书名,毕竟谁知太瘦生。寄语儿曹勤努力,他年待汝写铭旌。"[10]清人王培荀云:"(龚晴皋)自作生圹,置石卧岭上,横书大字曰'龚晴皋之墓。'"(《听雨楼随笔》)

参考文献

[1]王群生.重庆历史名人典[M].重庆:重庆出版社,2005.

[2]胡昌健.恭州集[M].重庆:重庆出版社,2008.

[3][7]胡昌健.巴蜀史地与文物研究[M].北京:光明日报出版社,2013.

[5]郑永晓.黄庭坚年谱新编[M].北京:社会科学文献出版社,1997.

[6]张政烺.宋四川安抚制置副使知重庆府彭大雅事辑[M]//张政烺.张政烺文史论集.北京:中华书局,2004.

[8][9][10]咸丰二年,龚晴皋从弟龚旭斋辑晴皋遗诗百二十首,付梓刊行,名曰《退溪诗集》,今藏重庆图书馆.

略谈历史名人文化的意义

□ 郭相颖①

历史名人是经过时间检验的名人

"天生物,人最灵"。千万年来,人与自然和社会的斗争悲壮而绚丽,诞生了无数推动历史车轮滚滚向前的勇士和智者,他们可歌可泣的事迹被世代传颂,激励来者效仿奋进。这也许就是我们所说的"名人"与"名人文化"吧。

"名人",《辞源》注为"有声誉的人"。《吕氏春秋·劝学》有"不疾学而能为魁士名人者,未之尝有也",这是较早出现"名人"的文献,这里的"名人"明显有好学、饱学之士的意思。此外,"名人"在《现代汉语规范字典》注为"众所周知"的人。

"历史",即"自然界和人类社会的发展过程"与"过去的事实、对过去事实的记载"。历史意味着过去,"历史名人"就意味着是"过去的名人"。为了便于界定和操作,本文将"历史名人"界定为已去世的名人。

产生名人的领域很广,所谓"七十二行,行行出状元"。值得注意的

---

① 作者系重庆市人民政府文史研究馆馆员,重庆大足石刻艺术博物馆原馆长。

是,名人中有"实至名归"的"真名人",也有以权势、金钱等著称的"伪名人"。现今更有专事"包装""炒作""作秀"生产名人者,"皇帝的新衣"随处可见。笔者认为,时间是去伪存真的过滤器,经历漫长的时间之后,作伪因素的支配力定会减弱,后人便更能接近真相。这就是历史名人的可信和可贵。

历史名人是人类的精英群体

历史无情,不能假设。历经大浪淘沙,还能流芳百世者,其在智慧、技能、业绩、贡献和品德等方面定有过人之处。历史名人推动人类社会进步,具有创新精神,业绩刷新历史纪录,彪炳史册,深受民众爱戴,堪称人类或国家或民族的精英群体。因此,应对其树立敬畏效法之心,以彰显其德。

历史名人多是某领域中的领军人物

历史名人多是某领域中的佼佼者,起表率作用,其周围多有追随效法者。他们对社会有较大影响力,为常人所不及。充分宣扬其功绩,弘扬其勤奋敬业、勇于为正义献身的精神,对于建设创新型国家,实现富民强国目标,是十分必要的教化手段。

历史名人是活生生的人文楷模

历史名人多是先驱者,"观今宜鉴古,无古不成今",他们的得与失都是国家和民族的宝贵精神财富。他们有爹有妈,有姓有名,甚至还有事业、子孙延绵在世。他们不是文艺作品中虚构的人物,其生平业绩令人信服,是活生生的人文楷模。故我国多有"麒麟阁""先贤祠""忠烈祠""文庙""武庙"以及近代各种"纪念馆""纪念碑"等的建立。世界其他国家也不例外,在欧美尤为常见,其公共场所与建筑物上的雕像也多为各自的历史名人,以先贤为楷模激励今人和来者。当今的中国,几乎各地都为与己有关的历史名人树碑建馆,彰显其乡土文脉,可谓蔚然成风。这是爱国主义、民族自尊心、乡愁情怀的体现,是为民族复兴开展精神文明建设的必由之路。

历史名人不是历史完人

常言道:"流芳百世不易,遗臭万年也难。"在历史名人中既有流芳百世者,也有遗臭万年者,还有兼两者而有之者,如众所周知的汪精卫,其青年时追随孙中山投身革命,甚至冒死刺杀摄政王,可谓忠烈之士,晚年又投靠日本侵略者,甘当傀儡,成了名副其实的汉奸。其实,每个人的人格都可能存在多面性。所以有笑话说:"读书破万卷,唯《三字经》第一个字不好认,认好了这个字,才算饱学夫子。"历史名人不是历史完人,如何评判其功过是非确实很难,笔者也自知说不好这个问题,本想不写此问题,但作为历史名人研究和宣传部门的工作者是无法回避这个问题的。笔者先说自己的主张,请大家批评指正。笔者认为,首先是立场,评判标准要立足于历史名人生平所做之事是否有利于全人类、国家和民族的进步,不因权势和个人好恶而失公正。其次是方法,必须实事求是,坚持真理,评判标准应在国际上取得最大程度的共识。对历史名人还要有一定程度"瑕不掩瑜"的宽容。此事易说难做,敬请诸君关注,以利重庆名人事业发展。

重庆历史名人形成的特点

各地在历史长河中都会先先后后出现各种名人,名人与名人之间通常在地域上较为分散。重庆在抗日战争中后期,特别是国民政府迁都重庆后的几年间,中外各界名人骤然聚集重庆。他们以不同方式参与了抗日救亡活动,还有力地推动了大西南的经济发展,工商、科技、文化、教育、艺术、医疗等各领域都有长足进步。

中国的抗日战争,是世界反法西斯战争的重要组成部分,历时之久,战线之长,代价之惨重,在二战史中占据重要地位。抗日战争是中华民族历史上最为惨烈且最终取得胜利的民族救亡运动,其历史意义当不言而喻,其间的名人效应早已超出国界。加之历史名人的子孙、门人、故友现分布于全球各地,因而重庆历史名人是开展海外联谊和国际交往的历史财富。目前,重庆的历史名人事业方兴未艾,发展的空间巨大,笔者期待重庆的历史名人事业,抓住这个特色,独树一帜。

重庆历史名人馆应运而生,成果丰硕

10 余年前,受全国各地兴建历史名人馆的启发,重庆市无党派人士、重庆市文史研究馆原副馆长王群生先生,积极呼吁并筹划兴建重庆历史名人馆。即使在生病手术后,王群生先生也在病房抓紧时间撰写《重庆历史名人典》一书,为建馆做准备。后经重庆市委、市政府批准,得到有关部门支持,后继各位文史馆领导持续努力,重庆历史名人馆于 2005 年 6 月开始实施建设,2007 年 6 月建成开馆。

根据建馆宗旨,重庆历史名人馆开展了一系列工作:积极开展重庆历史名人事迹、资料和实物的收集、挖掘和整理工作;开展相关历史名人的研究和资料展示工作;利用重庆文化艺术展示中心,积极开展文化艺术交流,举办艺术展览;为方便游客参观,认真做好相关服务工作,较好地发挥了历史名人馆宣传和传播优秀历史文化的作用。

重庆历史名人馆自开馆至 2016 年 10 月,共接待国内外参观人员 127 万多人次,为观众讲解 2500 余场,其中接待青少年 36 万余人次,接待外国游客 1.3 万人次。但自 2013 年起,朝天门片区开始整体拆迁,特别是受朝天门来福士广场施工的影响,广场周边主要道路被封,通往重庆历史名人馆的道路仅剩一条,交通不便,参观的旅游团队及游客数量明显减少。

2013 年接待游客约 15.5 万人次；2014 年接待游客约 13.2 万人次；2015 年接待游客约 18.7 万人次。

重庆历史名人馆建立后，深入研究、挖掘历史名人生平事迹，收集、整理、保管、研究历史名人物质的和非物质的遗存及资料。其所做工作主要包括如下几个方面：

第一，收集资料。采取各种方式，多渠道地挖掘、收集重庆历史名人的事迹和资料。一是购买与名人有关的书籍 1600 余册，订阅报刊 50 余种。二是通过走访考察市内外有关博物馆、纪念馆、档案馆等，查阅、收集与重庆历史名人有关的照片、文字资料、珍贵遗物。三是向历史名人后裔征集有关珍贵资料和实物。目前，重庆历史名人馆接受名人后裔捐赠文物共计 81 件。这些文物丰富了展览内容，为挖掘、研究历史名人事迹提供了重要实物资料。四是开展历史名人事迹口述资料收集整理工作，目前已经完成了万从木、任鸿隽、邹容、潘文华、冯玉祥、吴芳吉等 17 位历史名人后裔口述资料的收集工作，录制口述资料 600 余分钟，并做成光盘。

第二，举办展览。深入区县、机关、学校举办关于重庆历史名人的展览合计 27 次。其中，2013 年的"团结抗日 共御外敌——抗日民族统一战线与重庆历史名人图片展"获 2013—2014 年度"重庆市博物馆十佳优秀展览"称号，2015 年的"巴山渝水人中杰 毓秀钟灵百代贤——重庆历史名人图片巡展"入选"2015 全国博物馆展览季活动推介名录"。

第三，举办各类座谈会、研讨会。2007 年举办了"刘子如文化研讨会"。2008 年举办了"纪念佘雪曼诞辰 100 周年书画作品展暨座谈会"。2010 年举办了"纪念康心如诞辰 120 周年图片实物展暨研讨会"。2011 年举办了"辛亥风云·任氏四杰——重庆历史名人任鸿隽兄弟四人大型图片、实物展"并召开了座谈会。2012 年首次举办了"重庆历史名人后裔座谈会"。2014 年，重庆历史名人馆就主办的连续性内部资料《重庆名人》（后更名为《重庆历史名人》）召开第一次作者座谈会，2016 年召开第二次作者座谈会,有力地促进了历史名人事迹的收集和研究工作。

第四,形成研究成果。2007年编印《重庆历史名人馆·艺术集ART》,展示馆内雕塑陈列厅的风貌。2013年出版《重庆历史名人任鸿隽》一书,通过与任鸿隽有关的100余张历史图片以及18篇由专家学者撰写的文章,多角度地展示了任鸿隽的杰出贡献。2014年创办连续性内部资料《重庆名人》,每季度出版一期,截至2016年10月已出版11期,社会反响甚好;2014年编印《重庆历史名人后裔:口述实录(一)》,收录了万从木、潘文华等10多位历史名人后裔口述资料的整理稿。2016年出版重庆首张《重庆市名人纪念馆/故居地图》,绘制了包括主城在内的30个区县的名人纪念馆(故居),对其中保存较好的226处进行了标注,对二十多家对外开放的名人纪念馆(故居)进行了重点推介,提供了研究名人故居的素材;编印了《抗战·人物——抗日民族统一战线与重庆名人》一书,以抗日民族统一战线为主线,通过7万多字的人物介绍和560余张珍贵的历史图片,全方位、多视角、多层次地展现了84位重庆名人为抗战胜利立下的不朽功绩。

第五,切实抓好名人馆的宣传工作,不断提高知名度。拍摄了《穿越时空三千年,汇聚名人二百贤》宣传电视片,并在重庆电视台公共频道播放,同时还制作成光盘公开发售,取得了良好的宣传效果;建立了重庆历史名人馆网站,宣传介绍重庆历史名人的生平事迹和名人馆的重大活动;在新闻媒体上进行宣传报道,已在各种媒体上发布重庆历史名人馆重大活动新闻报道文章百余篇;开展"重庆历史名人走进校园"系列活动,组织讲解员到中小学校宣讲历史名人的先进事迹,培养了150余名大学生志愿者到馆做义务解说,走进中小学校举办巡回展览等,让重庆历史名人精神在青少年中传承。

综上所述,我们可以看到,重庆历史名人馆自建立以来,工作是有创新开拓精神的,对重庆的历史名人文化的宣传与弘扬是有贡献的,特别是在朝天门大片拆迁、新建来福士广场期间，到馆观众骤减，重庆历史名人馆主动走出去，到区县、学校、机关办展览，又创办连续性内部资料并利用多种媒体，在馆外开展宣传研究工作。这些说明了重庆历史名人馆的工作极具主动性和创造性。

重庆历史名人事业亟待发展

10年前所选馆址在朝天门广场负一楼，面积小、楼层低，采光不足、出入不便，更无肃穆庄严的殿堂之气。而今，来福士广场建成后逼近重庆历史名人馆门口，重庆历史名人馆更是窘迫不堪。朝天门本是两江汇合处之主要港口，可谓寸土寸金之地，若另选址建重庆历史名人馆，将现馆址用于航运或商贸，可谓两全其美。

10年的建馆历史，为重庆历史名人馆的新建创造了有利条件，新馆定能按历史名人馆之功能和审美要求设计施工，不会再削足适履。经历了10年的发展，馆领导和工作人员都由外行变成了内行。名人馆所收集的历史名人资料和研究成果，可资建新馆之用。遴选名人也会更科学，更突出重庆特色。因有历史借鉴，新馆的陈列设计和制作水平定能有所提高。重庆历史名人馆建新馆的提议得到了重庆市委、市政府领导和有关部门的重视，实为难得。相信不久的将来，一座具有全国一流水平和重庆特色的历史名人馆，定会屹立山城。

重庆历史名人研究刍议

□ 杨耀健[1]

名人众多，几近失传

笔者 1983 年 7 月进入重庆市政协工作，有整整 20 年一直在文史办公室工作，先后任责任编辑、办公室主任兼《重庆文史资料》副主编。从接手编辑《重庆文史资料》第 17 辑起，到编辑该刊新 7 辑止，笔者先后参与编辑文史资料 34 辑、文史专著数十种。现结合笔者所知道的有关重庆名人资料的征编情况，作简要介绍。

重庆历史悠久，地灵物丰，名人荟萃。早在先秦时期，就有巴蔓子刎颈留城、巴寡妇清开采丹砂。近代以来，有杨沧白创建蜀军政府、卢作孚实业救国、刘伯承革命之路、邓小平建设新重庆，以及工商界巨子古耕虞、胡子昂的创业风采等，不一而足。

好山好水好地方，引来的不仅是风雅之士的诗篇华章，也不仅是鸿儒硕彦皓首穷经的辩论，还有黎民百姓的善良希祈。这里不只有程朱理学的吟席，更有推究天理人心的讲堂。不只有"朝辞白帝彩云间"[1]的吟咏，

---

① 作者系重庆市文史研究会副会长兼秘书长。

更有"苍崖坚石连云走"[2]的余音。就在这片土地上,曾有过非常壮丽的呐喊,比如《革命军》,比如对日本宣战,比如"红岩上红梅开",比如"建设人民的生产的重庆"[3],等等。

重庆民众素来敬重历史名人,曾建有气势夺人的巴蔓子墓,建有遗爱祠以怀念巴县知县国璋。然而,由于种种原因,特别是"左"的思想影响,在很长一段时间,人们除对老一辈革命家给予肯定和宣传外,对其他诸多名人则持缄默态度,致使诸多名人的生平事迹几近失传,更谈不上什么研究了。

解放思想,逐步发展

党的十一届三中全会召开,思想解放的春风开始吹进历史工作领域。1979 年初,根据全国政协要求,重庆市政协设立了文史委员会及其办公室,文史工作方才名正言顺地开展起来。中共重庆市委党史研究室、重庆市人民政府地方志办公室也先后设立。具体分工为,党史研究室侧重征集党史资料,地方志办侧重征集地方史志,政协文史委侧重征集国民党、民主党派史料。

全国政协文史资料委员会拟定的征集大纲,以"文化大革命"前原有大纲为基调,强调"三亲",即亲见、亲闻、亲身经历。其时间上限定在晚清"戊戌变法"时期,下限定在中华人民共和国建立以前。内容仅限于政治、军事、文化、社会等方面。

1979 年创刊的《重庆文史资料》,其初期征集的稿件,内容主要与列强入侵、辛亥革命、二次革命、护国运动、护法运动、租界等相关,其他方面史料的编印很少。从时间上看,趁着一些亲历者还在世,优先编印这些史料,具有"抢救"性质的积极意义。从效果上看,的确征集到了一批无法再复制的史料。

1979 年至 1989 年这 10 年中,《重庆文史资料》征集的稿件内容开始向现代史延伸,力图理出一条较为清晰的历史脉络。征集编辑的篇目有《中共重庆地委与泸州、顺庆起义》《我在"三三一"惨案中的罪行》《投入大革命的洪流》《我所知道的刘湘》等。从那时起,笔者接触到刘伯承、杨闇公、童庸生,以及刘湘、王陵基的史料。

值得一提的是,在此期间,抗战史料成为《重庆文史资料》征集的热点。重庆市政协编辑出版了《重庆抗战纪事》《重庆抗战纪事续编》《大西南的抗日救亡运动》等文史专辑。此外,还征集了《抗战时期我在重庆的活动》《特务暴徒捣毁〈新华日报〉营业部的暴行》《中国民主同盟史略》《重庆救国会与重庆抗日救亡运动》等史料。蒋介石、孔祥熙、王昆仑、漆鲁鱼等人出现在这些史料中。

1989年8月,全国政协在北戴河召开全国省(自治区、直辖市)文史委主任会议,会上通过的纪要明确提出,凡是有利于维护中国共产党的领导,有利于社会主义两个文明建设,有利于统一祖国、振兴中华,有利于民族团结、社会进步、人民幸福,有利于推动教育、科技、文化事业发展,解放生产力的,不论属于哪个阶级、党派或团体,只要对国家、民族、社会做出过贡献,为国家、民族争得过荣誉的人士,都可以征集出版他们的史料,使他们的思想、人格和业绩得到记录和传颂。[4]

全国政协北戴河会议后,重庆文史资料涵盖领域更为宽广,内容更加丰富多彩,时限也向中华人民共和国成立后延伸。重庆文史资料的征集、整理与研究呈现出新的特点。一是抗战史研究成果丰硕。1995年,编辑出版了16卷本的《重庆抗战丛书》;与西南地区政协共同编辑出版了10卷本的《抗战时期的大西南丛书》。二是历史人物史料有所突破。《重庆文史资料》编发了《毛蒋林园握手》《郭沫若与陈布雷》《追忆刘宗宽》《第二十四兵工厂创建人杨方毓》等文章。三是商业贸易、交通运输、财政金融、文化艺术等内容的稿件也被陆续编发,其中几乎每篇都涉及重庆历史名人。

近现代多，古代稀缺

新时期以来，中共重庆市委党史研究室出版了《中国共产党重庆地方简史》《中国共产党重庆历史大事记》《重庆抗战史》《邓小平与大西南》《赵世炎研究论文集》《宋庆龄在重庆》《邓小平与重庆》等一批重要著作。党史工作者艾新全、林明远撰写了《邓小平在西南的理论与实践》。记者张卫、冉启虎撰写了《解放重庆》。蓝祯伟等撰写了《丹心铁骨曹荻秋》。

重庆地方志办公室出版了《重庆市志》，包括总述、大事记、地理志、人口志、民俗志，以及各行业志。周勇主编了《重庆：一座内陆城市的崛起》，中共重庆市委党史研究室、重庆市政协文史资料委员会、红岩革命纪念馆编写了《重庆谈判纪实》，重庆市政协文史资料委员会、中共重庆市委党校编写了《政治协商会议纪实》，周勇主编了《重庆通史》等专著。重庆作者撰写了《梅花上将张自忠》《西南局第一书记》《于右任在重庆》《周恩来在重庆》等专著。[5]

可以说，新时期以来，重庆征集的史料非常丰富，硕果累累，在全国处于领先地位。从研究方面看，有关周恩来、邓小平、宋庆龄、卢作孚等人的研究论文不断涌现。

然而，重庆史料主要集中在近现代，古代史料稀缺。对名人的研究，也主要集中于近现代名人，远未涵盖众多其他历史时期的历史名人，未能像湖南、湖北等省所做的名人研究工作那样，展现出历史名人的强大阵容。

究其根源，古代人物的生平事迹及著述湮没失传，与大环境有关。清代同治、光绪以来，国家内忧外患，无暇他顾。坊间所出文史著作或成书仓促，或根本未下功夫，难以传世。一些前辈老成，虽谙熟旧事，却懒于传述，或不愿为之，或见解不尽弘通，纵有所传，未为典要。一些后进之士，又比较心浮气躁，因而鲜有传世之作。中华人民共和国成立初期，则厚今薄古，"文革"期间甚至走上"破四旧"的极端。

意见建议，就教诸公

鉴于上述局面，今后怎么办？

对此，笔者认为——

一是要争取党政部门支持。如，湖南省政协出版该省名人丛书，申报后获得 100 万元拨款，有序征集出版了曾国藩、谭嗣同、齐白石、黄兴等人的传记。

二是与文化旅游产业相结合，将历史名人资源注入文化遗址遗存，争取文化企业赞助。

三是先易后难，先对比较容易找到的近现代人物进行研究。

四是挖掘各地老县志，逐年补齐重庆古代名人史料或传记。

五是对重庆市的历史文化名人资源进行普查、挖掘、整理，建立历史名人、文物遗存和非物质文化遗产资料库，供研究者参考。

六是利用重庆现有历史场馆，广泛宣传重庆历史名人，扩大其对市民，特别是青少年的影响。

重庆历史名人馆创办以来，集中展示了 100 位重庆本籍历史名人的史迹，还多次到各区县巡展，以图文并茂的方式，唤醒市民对重庆历史脉络的记忆，做了大量普及工作，功不可没。

七是进一步丰富重庆现有历史场馆的历史、人文含量，把尚未做足的文章做足。

八是进一步编写重庆历史名人故事，以网站为平台进行宣传；创作编排一些文艺节目，在重大文化节和艺术节上演出，引起更多关注。

九是在对重庆历史名人进行研究的同时，加强对名人文化资源保护、开发、利用的思考。

对历史人物的研究是史学研究领域中的一个重要课题，任何历史变迁、历史事件的发生,都离不开历史人物的作为。当过往岁月的烟云渐渐消散,当显赫一时的历史人物渐行渐远,我们终于有了回望历史、拨开云雾见其真容的机会。

我们要看到,重庆历史名人研究方兴未艾,同时也要清醒地意识到,这项工作千头万绪,任重道远,不可能一蹴而就。这有赖于笃实践履的学人共悬目标,分头进行,夯实基础,如此方能取得更大进展和成就。

参考文献

[1]葛景春.李白诗选[M].北京:中华书局,2009.

[2]周勇.邹容集[M].重庆:重庆出版社,2011.

[3]刘伯承.为建设人民的生产的重庆而斗争[J].重庆市人民政府公报.1951—1—1.

[4]全国政协文史资料委员会.全国暨地方政协文史委主任会议纪要.全国政协办公厅,1989.

[5]重庆市地方志编纂委员会.重庆市志(第三卷)[M].重庆:西南师范大学出版社,2004.

什么是"名人"?

——名人文化研究核心概念探讨

□ 陶永莉①

在新时期,名人越来越频繁地出现在大众的视野中。影视界、体育界、旅游界,乃至政治界、学术界,都活跃着名人的身影。名人文化既受到大众文化领域的重视,又得到地方旅游业的青睐,呈现出复杂多样的面貌。陶东风在《名人文化研究读本》导言中指出,到底什么是名人?名人和偶像、英雄、明星这些概念是什么关系?这是名人文化研究首先要回答的问题。[1]在最宽泛的意义上,"名人"指知名度高的人。然而,实际情况要复杂得多。

"名人"概念及其演变

《吕氏春秋·劝学》称:"不疾学而能为魁士名人者,未之尝有也。"这里的"名人"指著名的人物,且有好学、饱学之士的意思。唐代罗隐《酬寄右司李员外》诗:"左省望高推健笔,右曹官重得名人。"明代方孝孺《赠瑄

---

① 作者系重庆邮电大学法学院讲师。

蕴中序》称:"去人群,远世胶,不获从名人胜流,讲说咨叩,以广其业。"诗中的"名人"均指此意。此外,"名人"还有"有名籍"的人的意思,如宋代苏辙《论差役五事状》:"先帝知之,故创立免役法,拘收坊场,官自出卖,以免役钱顾投名人,以坊场钱为重难酬奖。"现代汉语中的"名人"仅指著名的人物。据此,李启军在其博士论文《中国影视明星的符号学研究》中指出,今天说的"名人"沿用的仍然是春秋战国时期的意思,也就是说,"名人"这个指称符号的能指、所指已经定型,进入现代社会之后也完全是沿用原词原意,并无新变,所以说它是一个前现代性文化概念。李启军认为"名人"与"明星"的一个重要区别,从审美的角度来看,前者是无视身体性的,后者是重视身体性的。一个名人当他的个人形象为人所熟知时,他就成了明星。"明星"充分体现了身体感性的美学现代性精髓,它是一个现代性文化概念。[2]李启军看到了"名人"一词出现时间的久远,关注到它不变的一面,而忽视了它变的一面。事实上,众多有关"名人"的论述都偏向静态化处理"名人"的含义而忽视其复杂的演变过程,将"名人"简单等同于知名度高的人。

关注"名人"概念内涵演变的研究主要来自西方学者。丹尼尔·布尔斯廷在其《从英雄到名人:人类伪事件》一文中指出,当代那些家喻户晓的名人是"一种新的人造产品,一种图形革命的产物"。在图形革命之前,通常情况下,出名是缓慢的、"自然的"。图形革命以后,一个人的名声可以被媒体迅速制造出来,一夜之间变得路人皆知。可以说,图形革命带来的结果是它改变了一个人出名的方式与途径。更为重要的是,在图形革命之前,因为出名缓慢,"一个人的名字不易于变得家喻户晓,除非他以这种或那种方式成为伟大的榜样",所以,"名人与伟人基本上属于同一群体"。"名人"不仅是著名的人,还是伟大的人,有一定伟绩的人。[3]在中国语境中,还特别强调名人/伟人的德行。"不疾学而能为魁士名人者,未之尝有也"中的"名人",高诱注为"名德之人"。唐代韩愈在《唐故河东节度观察使荥阳郑公神道碑文》中指出"名人魁士,鲜不与善",将名声与德行并存。概言之,图形革命以前,"名人"除了指著名的人物外,还暗含有伟绩之人的意思,"名人"就是对人类有伟大贡献而众所周知的人。图形革命以后,被制造出来的"名人",演变为一个中性词,不再与伟大、伟绩、伟人联系在一起,仅仅因为被广泛知晓而被称为"名人"。布尔斯廷强调"他既不好也不坏,既不伟大也不卑劣。他就是人类伪事件。他是人为制造的,用来满足我们对人类之伟大的夸张的期待。他在道德上是中性的。"

在布尔斯廷看来,当代名人是图形革命的产物。"图形革命"(Graphic Revolution)是布尔斯廷自己造的一个新词,指19世纪后半期到20世纪初媒介技术变革引起的美国社会和文化的巨大变迁,其重要特征之一是图像取代文字。"名人"概念内涵的变化与图形革命密切相关。图形革命直接改变了"名人"的产生方式,消解了伟人与名人、伟绩与出名之间的联系。布尔斯廷提供了一种关于思考"名人"概念演变的新方式,即从媒介变化的角度考察"名人"的变化。一个人的名声必须依靠媒介传播。人类社会依次经历了口头传播、文字传播、印刷传播、电子传播与网络传播的时代,媒介渠道的变化必然引起"名人"内涵的相关变化。在《理解名人》(*Understanding Celebrity*,2004)中,格雷姆·特纳从文化与媒介的视角探讨了名人的产生。杰西卡·埃文斯在《媒介对名人的作用》(*Understanding Media:Inside Celebrity*,2005)中探讨了媒介怎样制造名人与观众怎样参与了名人制造。由此可见,现代传媒的诞生是"名人"内涵演变的重要原因之一。此外,克里斯·罗杰克在其专著《名流:一个关于名人现象的文化研究》中指出,当代名人的产生应归因于三个互相关联的历史进程,即社会的民主化、宗教组织的衰落、日常生活的商品化。这丰富了"名人"演变的研究。[4]

"名人"的相近概念

在名人文化研究中,"名人"概念的界定有两种较常见的情况:一是直接定义"名人"为著名的人物;二是将名人与偶像、英雄、明星等相近概念进行比较,在比较中确定"名人"含义,正如陶东风所指出的名人的概念及其与偶像、英雄、明星这些概念的关系,是名人文化研究首先要回答的问题。比较有代表性的回答是布尔斯廷和克里斯汀·格拉提。布尔斯廷在《从英雄到名人:人类伪事件》中回答了名人与英雄的关系。在他看来,图形革命之前,名人与英雄基本上属于同一群体。图形革命以后,名人与英雄有了实质性差异:英雄因其成就而显得卓尔不群,而名人则因其形象或商标而引人注目;英雄创造自己,而名人则由媒体创造;英雄是伟人,名人是伟名;英雄是古人,名人是当代人。格拉提在《重审明星身份:文本、身体及表演问题》一文中区分了"名人"(celebrity)、"专业人士"(professional)、"表演者"(performer)和"明星"(star)。她指出,"名人"是靠炒作私生活出名的,和其职业成就无关,"专业人士""表演者"是靠工作/职业而不是私生活吃饭,"明星"是靠工作/职业和私生活出名的。[5]

基于"名人"概念的名人文化研究

如果以图形革命为时间节点,将此前产生且传承到当下的名人称为"历史名人",那么,此后由大众传媒制造的名人则可以称为"当代名人"。两者虽然共用"名人"概念,有传承演变的关系,但属于不同的主体,其在产生方式、传播方式以及价值功能等方面存在较大差异。关于历史名人的研究主要集中在地域文化、旅游文化研究领域;关于当代名人的研究主要集中在大众传媒文化、消费文化研究领域。前者强调历史史料的发掘,名人的历史贡献与价值,以及名人文化的表现形式。在旅游业,尤其注重挖掘历史名人文化资源、开发以名人为题材的各种文艺作品以及名人文化的物质载体,如故里、故居、墓地、纪念馆、博物馆、纪念公园等。然而,在旅游界,大多研究者将名人文化及其价值作为研究的引子,泛泛而谈,很少就该问题进行系统的讨论和深入的研究。

赵心宪教授在《基于历史认同的"名人文化"概念界定问题——巴渝文化名人研究学术思考之二》一文中提出从时间与范围、价值取向与表现形式等方面界定名人文化,尤其在历史文化价值认同的基础上,强调名人的价值取向,名人应当在社会实践活动中创造过被民众认同的物质或精神财富,其精神层面的价值对社会历史的发展应有正面影响,可以"弘文励教,建构和谐社会的文化理念与教化策略",抓住了名人文化研究的核心,对名人文化进行了学理上的探讨。[6]

而集中在大众传媒文化、消费文化领域的当代名人研究主要研究当代名人与传媒的关系,名人如何被制造和消费,名人与意识形态的关系,名人与身体文化的关系,以及名人与明星、偶像的关系,等等。其理论主要来自西方,译介西方国家关于名人文化研究的代表性成果,以杨玲、陶东风主编的《名人文化研究读本》为代表。然而,陶东风郑重提醒读者,光靠阅读西方理论是无法充分解释"中国式"名人文化的。我们需要对中国当代名人文化做深入的研究。

参考文献

[1]陶东风.多维度解读名人[M]//杨玲,陶东风.名人文化研究读本.北京:北京大学出版社,2013.

[2]李启军.中国影视明星的符号学研究[D].成都:四川大学,2005.

[3]布尔斯廷.从英雄到名人:人类伪事件[M]//杨玲,陶东风.名人文化

研究读本.北京：北京大学出版社，2013.

[4] 罗杰克.名流：一个关于名人现象的文化研究.李立玮，译.北京：新世界出版社，2002.

[5] 格拉提.重审明星身份：文本、身体及表演问题[M]∥杨玲，陶东风.名人文化研究读本.北京：北京大学出版社，2013.

[6] 赵心宪.基于历史认同的"名人文化"概念界定问题——巴渝文化名人研究学术思考之二[J].重庆第二师范学院学报，2016(1).

弘扬名人文化与
提升城市软实力战略研叙

□ 赵　宾①

一座城市的出名是因为有名山、名水、名人。国外的"名"效应暂且不提，只说国内的就数不胜数。大庸市，因"奇峰三千、秀水八百"的张家界风景区而名扬天下，更名为张家界市；南坪县，因"碧水精灵、瀑布成群"的九寨沟风景区而蜚声海外，更名为九寨沟县；桂林除"甲天下"的自然美景外，一部电影《刘三姐》的三姐与阿牛把城市面纱揭开；陕北保安县出了个刘志丹将军，志丹县闻名遐迩；山西辽县，左权将军在抗战期间牺牲于此，左权县远近驰名……可见"名"效应之宏大，名人文化之威震四方，既提升了城市的名望，又提升了城市的软实力。

名人效应，是名人的出现所达成的引人注意、强化事物、扩大影响的效应，或人们模仿名人的心理现象。名人效应已经在生活中的方方面面产生深远影响，其影响相当于一种品牌效应，其对人群的影响力可以如"追星族"那么强大。

① 作者系中国民主建国会成立旧址陈列馆负责人，中国民主建国会重庆市委员会理论宣传专委会文史研究室副主任。

重庆是 1986 年国务院批准的第二批"历史文化名城"。三千多年的岁月、壮丽的巴山渝水,养育了无数杰出的历史名人。重庆市人民政府审定的 200 名(本籍 100 名、客籍 100 名)重庆历史名人,是文化底蕴浓厚的重庆的魂,也是城市的精灵、城市的名片。不知从何时起,重庆的火锅、小面、美女远近闻名,全国吃货纷至沓来,烫火锅,吃小面,各地眼馋者、怦然心动者不远千里来"打望"美女。有些遗憾的是,位于"接天书圣旨"朝天门的重庆历史名人馆所宣传的 200 位重庆历史名人,绝大多数却并不为外地人所知晓,甚至连很多重庆市民也不清楚。这些沉睡的历史名人在某些人的眼中、心中、口中、笔下,与重庆美女相比就显得有些"逊色"了。

每一座城市都有代表自己文化形象的历史名人。在湖南,人们会被中华人民共和国开国领袖毛泽东及一代伟人刘少奇、彭德怀、贺龙、任弼时、罗荣桓等的丰功伟业所震撼;去广东,人们又会被孙中山先生的革命誓言深深打动;到福建,人们会追忆民族英雄郑成功收复台湾的伟大功绩;浙江奉化溪口镇系蒋介石的出生地及蒋氏故里,为首批全国特色景观旅游名镇;四川广安协兴镇邓小平故里,为深受老百姓喜爱的十大红色旅游景区、中国红色旅游十大影响力品牌之一。这些都是历史名人的效应,使其所在的那方水土名扬四方。

重庆是中国著名的历史文化名城,具有三千多年的悠久历史,以重庆为中心的古巴渝地区是巴渝文化的发祥地,这片土地孕育了重庆的人文底蕴。重庆是个人杰地灵、人才辈出的地方,三千多年的文化孕育了无数历史名人,历史长河中涌现出的仁人志士灿若繁星。让历史名人为世人所传颂,是传承重庆文脉的应有之义。巴国大将军巴蔓子、宝顶山石窟创刻者赵智凤、建都重庆的大夏国皇帝明玉珍、革命军中马前卒邹容、辛亥革命先驱杨沧白、中国共产党早期杰出的无产阶级革命家赵世炎、中国共产主义运动先驱杨闇公、中华人民共和国大元帅中的聂荣臻和刘伯承、投身革命的富家子弟王朴、著名爱国实业家卢作孚、现代诗人何其芳等等,都是重庆历史名人的典型代表，为重庆这座光辉的城市增添了瑞色和荣光。他们是巴渝的骄傲，他们是城市的自豪，他们是重庆的荣耀。

但是，重庆历史名人文化的影响力还不够大，其对重庆城市软实力的助推力还仍显不足。

重庆历史名人有待进一步扩大宣传

重庆历史名人馆连很多重庆市民都不知道，遑论外地来渝者。本籍历史名人、名臣冯时行（北宋状元，《缙云文集》作者，关于其祖籍，民间有三种说法：渝北洛碛、璧山、北碚，但三地均属当时恭州，即今重庆，因此冯时行被民间誉为"巴渝第一状元"），浙江诸暨人对其籍贯有所争议。许多人不知道《新民报》发起人陈铭德（长寿人）、人民音乐家施光南（1940年出生在南山，南岸人）本籍是重庆。笔者也孤陋寡闻，一次赴成都访问黄墨涵后人时得知重庆历史名人馆，回渝后一想"在朝天门"，再一想"曾经好像在朝天门见过这个馆，具体是干什么的就不知道了"。一次在单位领导那里偶见《重庆历史名人》这本内部资料，得知这是重庆市人民政府文史研究馆主管的，便试着投稿。2016年初，重庆历史名人馆邀笔者参加其作者座谈会，笔者便走进名人馆，一睹了她的芳容，了解了政府前些年审定的200位历史名人，其中100位本籍、100位客籍，还有7位中国民主建国会先贤和几位与中国民主建国会有紧密联系的名人。

重庆历史名人文化有待进一步弘扬

重庆历史悠久，文脉悠长，名人荟萃。一大批享誉中外的历史名人在此纵横捭阖、各擅胜场，为中华民族乃至世界文明写下了绚丽多彩的华章，造就了特色鲜明、气度恢宏的历史名人文化。这是弥足珍贵的文化资源和极其宝贵的精神财富，是重庆加快建设独具魅力的世界历史文化名城的津要所在。历史名人文化是重庆城市的重要"文化基因"，做好历史名人文化资源的"基因测序",对其进行系统梳理、深度挖掘、精深研究,这不仅是弘扬重庆历史名人文化的基础,也是全面认知重庆历史文化的一个有效方法。重庆以其古老的巴渝文化、深邃的峡江文化、厚重的码头文化、纯朴的山城文化、特有的雾都文化,以及爱国的抗战文化、多党合作的陪都文化、血染的红岩文化,孕育了无数历史名人,可谓是人才辈出。但在商品经济大潮中,许多历史名人被遗忘,不少名人文化被遗弃,名人作用没能充分发挥,更难以带动相关产业很好地发展。

重庆历史名人学术有待进一步研究

重庆是国家级历史文化名城,是我国西部唯一的直辖市,是我国重要的中心城市、长江上游地区的经济中心、国家重要的现代制造业基地、西南地区综合交通枢纽、城乡统筹的特大型城市。软实力是相对于国内生产总值、城市基础设施等硬实力而言的,是一个城市的文化、价值观念、社会制度等影响自身发展潜力和感召力的因素。提升城市软实力是城市的明智战略,明智的战略意味着要处理好软实力和硬实力的关系,努力使二者相互协调。但是,目前对重庆历史名人文化的发掘、研究与利用工作存在深度开发不够、文化底蕴不足、资源缺乏整合、没有形成资源链条和特色品牌,以及被关注度不够强、影响力不够大等问题。历史名人文化资源的发掘、研究与利用工作是一项专业性很强的工作,需要大量具有较高文化素养、政治素质、专业素质、开拓创新精神的专业人才,而目前重庆此类专业人才不多,尤其是青年人才少。以名人文化来提升城市软实力的战略值得认真探讨和深入研究。对此,笔者有如下几点思考。

第一,扩大宣传,弘扬重庆历史名人文化。知名度是一个组织被公众知晓、了解的程度,是评价组织名气大小的客观尺度,侧重于"量"的评价,即组织对社会公众影响的广度和深度。美誉度是一个组织获得公众信任、好感、接纳和欢迎的程度,是评价组织声誉好坏的社会指标,侧重于

"质"的评价，即组织对社会影响的好与坏，公众对组织的信任和赞美程度。重庆应该着力宣传重庆历史名人，提高其知名度，提升其美誉度。不仅要让重庆历史名人馆陈列的 200 位历史名人家喻户晓，也要让全市其他的历史名人广为市民知晓，把弘扬历史名人精神融入爱国、爱家乡的教育中。如：将历史名人事迹编入中小学教科书；为历史名人作传、吟诗填词，把历史名人的故事编成影视剧，搬上屏幕；将街（路）命名或恢复为历史名人街（路），如"卢作孚路""冯时行路""林森路"等；以历史名人之名命名广场，如"良玉广场""作孚广场"等；以历史名人之名命名镇、乡，如"甘宁镇"；等等。重庆历史名人是重庆的精神财富，一方水土养一方人，我们应该加大对重庆历史名人的宣传力度，让重庆历史名人名贯巴渝，让重庆历史名人精神传遍四方。

第二，与时俱进，延续重庆历史名人文化。历史名人是一个时代的楷模，是后人学习的榜样。西汉历史学家司马迁有言："古者富贵而名磨灭，不可胜记，唯倜傥非常之人称焉。"有的人生前显赫，死后默默无闻；有的人生前无名，死后流芳百世。"大江东去，浪淘尽，千古风流人物"，泱泱中华，上下五千年，兴亡多少事，情也悠悠，思也悠悠，不尽长江万古流。历史名人的遴选应与时俱进，准确把握时代特征，始终站在时代前列和实践前沿，始终坚持解放思想、实事求是和开拓进取，在大胆探索中继承发展历史名人文化。充分发挥重庆历史名人文化作用，充分发挥重庆历史名人文化对重庆各行各业的带动性，使历史名人文化引领时代潮流与社会进步。

第三，学术研讨，深化重庆历史名人文化。要提高重庆历史名人文化品位，充分利用重庆历史名人馆、重庆市人民政府文史研究馆的阵地、馆员等优势，通过各种形式深入开展历史名人文化学术研究和文史研究。如：举办与名人有关的书法、绘画、工艺作品交流活动；举办有关名人生平事迹、作品成果的展览、纪念会、论坛、沙龙、报告会、研讨会等活动，如"红军长征胜利 80 周年名人纪念会""中国人民解放军建军 90 周年暨重庆将军研讨会""陈铭德 120 诞辰与《新民报》在重庆探讨会"等；编辑出版发行有关历史名人文化的图书、期刊；对重庆文化、中国传统文化乃至世界文化进行客观、系统、科学的研究与整合；集古代历史名人与现代历史名人研究于一体，组织在世名人开展有益于世界和平与事业发展的活动；组织馆员及各界文史研究专家学者外出交流，宣传重庆历史名人文化，繁荣国家文史学术事业；研究名人，启迪众人，促进重庆人物研究活动的发展，扩大历史名人的影响力，推动经济社会全面发展，进一步加强对提升城市软实力战略的研究，让重庆历史名人文化与名山、名水、名城共同为提升重庆软实力战略服务。

研究弘扬名人文化
助推建设文化强国

□萧方域①

在历史的长河里,华夏五千多年的文明发展,孕育出了中华优秀传统文化。中华优秀传统文化是中华民族深层精神追求的结晶,代表着中华民族独特的精神标识,它是涵养中华民族最肥沃的土壤。名人文化,是中华优秀传统文化中的重要内容,它蕴含了华夏儿女的文化基因和心灵密码,凝聚着自强不息的理想追求和历久弥新的精神财富,承载着丰富博大的文化理念,丰富了中华民族优秀传统文化的内涵。深入发掘名人文化,从中汲取智慧和力量,充分发挥它在意识形态领域的重要作用和价值,对于发展社会主义先进文化,建设社会主义文化强国,具有不容忽视的重要意义。

中共中央总书记习近平同志就"建设社会主义文化强国"问题,曾作过一系列重要论述。

2013年11月26日,习近平在山东曲阜考察时强调,一个国家、一个民族的强盛,总是以文化兴盛为支撑的,中华民族伟大复兴需要以中华文

① 作者系重庆历史名人后裔,辛亥革命先驱萧湘之孙。

061

化发展繁荣为条件。对历史文化特别是先人传承下来的道德规范,要坚持古为今用、推陈出新,有鉴别地加以对待,有扬弃地予以继承。习近平还指出,国无德不兴,人无德不立,必须加强全社会的思想道德建设。

2014年3月27日,在巴黎联合国教科文组织总部,习近平系统阐释了传统文化与中国梦。他强调,没有文明的继承和发展,没有文化的弘扬和繁荣,就没有中国梦的实现。中华民族的先人们早就向往物质生活充实无忧、道德境界充分升华的大同世界。实现中国梦,是物质文明和精神文明比翼双飞的发展过程。中华文明同世界各国人民创造的丰富多彩的文明一道,为人类提供正确的精神指引和强大的精神动力。

2014年12月30日,习近平在中共中央政治局第十二次集体学习时指出,提高国家文化软实力,关系"两个一百年"奋斗目标和中华民族伟大复兴中国梦的实现。要弘扬社会主义先进文化,深化文化体制改革,推动社会主义文化大发展大繁荣,增强全民族文化创造活力,推动文化事业全面繁荣、文化产业快速发展,不断丰富人民精神世界、增强人民精神力量,不断增强文化整体实力和竞争力,朝着建设社会主义文化强国的目标不断前进。

文化是一个民族的精神支柱。中国传统文化浩如烟海,而名人文化,则是中华优秀传统文化中的精华和奇葩,它既带有个体生命的痕迹,也带有一个民族、一个社会、一个地域、一个城市对历史的投影,其影响力与现实密切相关。名人文化浸润着浓厚的爱国主义精神,寄寓着传统文化的接续,是流淌于历史与现实中的精神潜流,它内涵丰富,包容性强,像一盏永不熄灭的灯火,具有春风化雨、润物无声的巨大文化力量。

古往今来,华夏大地上的众多名人,是中华民族中的一个特殊群体,他们在中国乃至世界历史舞台上,扮演了不同寻常的角色,为人类社会发展、文明进步作出了积极贡献。他们的名字,通常与民族、国家乃至世界所发生的某些重大历史事件相关,因他们而形成的名人文化,充分彰显了中华传统文化的丰富内涵，并产生了深远的影响。随着岁月的流逝，这些名人的身影渐行渐远，但他们的名字及名人文化，却被时光淘洗得更加光彩。

一

实现中华民族伟大复兴中国梦，建设社会主义文化强国的目标，昭示我们需要深入研究和弘扬名人文化，充分发挥其资政、团结和育人的作用，让人们获得熏陶，产生情感共鸣，身心愉悦地深入了解传统文化。基于此，名人文化具有不容忽视的重要意义。中华传统文化博大精深，人们通过学习、研究和弘扬其中的思想精华，对自身树立正确的世界观、人生观、价值观很有益处。

名人文化在中华传统文化中闪烁着耀眼的光芒，为人们拓展了心灵空间，构筑起精神家园。"由人化文，以文化人"，人与文化的互动生长，印证了习近平总书记关于"建设社会主义文化强国"的一系列重要论述。

北宋著名文学家范仲淹，在《岳阳楼记》中曾写下"先天下之忧而忧，后天下之乐而乐"的名言，表达了为天下大众的利益而牺牲个人利益的高尚情怀，千百年来一直为后人所传颂；南宋末年政治家、文学家、爱国诗人文天祥有"人生自古谁无死，留取丹心照汗青"的豪迈诗句，情感深沉，气壮山河，尽显浩然正气；清朝政治家林则徐的"苟利国家生死以，岂因祸福避趋之"，也彰显了浓浓的报国情怀；还有"位卑未敢忘忧国""富贵不能淫，贫贱不能移，威武不能屈""鞠躬尽瘁，死而后已"……无数名人名言，不胜枚举，它们都充分地体现了名人文化的绚丽多彩，体现了中华优秀传统文化和民族精神。

实现伟大的中国梦，既需要经济社会的快速发展，也离不开强大的精神动力。回望过去血与火的历史，中华民族曾饱尝战乱之苦，屡受列强欺凌。然而，华夏儿女凭借惊天地泣鬼神的爱国主义精神，在艰难中不断前进，一代又一代中华儿女以蓬勃的生命力，前赴后继，自强不息。历史表明，一个国家、一个民族、一个地域，不可缺少一种昂扬的精神状态，一种创新进取的活力和追求。必须构筑起强大的精神长城，冲破重重难关，闯过种种险阻，方能实现梦想，成就大业。

二

对一座城市来说，名人文化是可遇而不可求的稀缺资源，是城市的文化命脉，它可以塑造一座城市的文化个性，打造独特的文化名片，唤起人们对崇高精神的景仰，激发中华民族魂魄的力量。于当今而言，社会主义核心价值观设定时代的价值航标，名人文化是人生奋斗的梦想之舵、中华民族的精神之钙、当代中国的兴国之魂，这或许正是深入研究名人文化的应有之义。

深入研究、继承和弘扬名人文化，把它与当代中国价值观念紧密结合起来，有利于中国梦的宣传和阐释。中国梦意味着中国人民和中华民族的价值观和理想追求，意味着全面建成小康社会、实现中华民族伟大复兴，意味着每一个人都能在为中国梦的奋斗中实现自己的梦想，意味着中华民族为人类和平与发展作出更大贡献的真诚意愿。

深入研究、继承和弘扬名人文化，有利于提高国家文化软实力，有利于展示中华文化的独特魅力。在五千多年的文明发展进程中，中华民族创造了博大精深的灿烂文化，这些文化使中华民族最基本的文化基因与当代文化相适应，与现代社会相协调。通过人们喜闻乐见、广泛参与的方式，宣传名人文化，弘扬跨越时空、富有永恒魅力、具有当代价值的文化精神，在继承优秀传统文化的同时传播时代精神，系统梳理传统文化资源，让广阔大地上的丰富遗产与书写在古籍里的文字都活起来，能完善人文交流机制，创新人文交流方式，进一步展示中华文化魅力。

深入研究、继承和弘扬名人文化，有利于塑造我国的国家形象，重点展示历史底蕴深厚、各民族多元一体、文化多样和谐的文明大国形象,有利于展示中国政治清明、经济发展迅速、文化繁荣、社会稳定、人民团结、山河秀美的东方大国形象,有利于展示中国坚持和平发展、促进共同发展、维护国际公平正义、为人类作出贡献的负责任的大国形象,有利于展示更加开放、更加具有亲和力、充满希望、充满活力的社会主义大国形象。

基于此,我们应珍视和保护名人文化,让它的价值"易于理解和展现",避免造成名人文化与社会、与大众的脱离。传播名人文化的方式方法,应力求易于人们理解和接受。要让名人文化更好地"飞进"寻常百姓家,需要大量的名人文化遗产保护工作者的努力和付出。展示,是名人文化遗产"活起来"的主要方式,同时也是一项把丰厚、可靠的学术根基与严谨认真的理念相结合的科学工程。

三

重庆作为国家历史文化名城,是名人和名人文化的富集之地,其名人文化拥有丰富的内涵和深厚的底蕴。壮丽的巴山渝水,在三千多年历史中孕育了无数卓有建树、功绩杰出的历史名人。他们如星辰,在历史的天空中闪耀;如波涛,在时光的长河中翻滚。他们留下了宝贵的名人文化遗产,留下了穿越时空的回响,那是一首首爱国主义、英雄主义的壮歌,涤荡着人们的心灵,引领着人们前进的方向。重庆名人文化的时间涵盖了从先秦到近现代各个历史时期,具有特殊的魅力。守护好名人文化,用它感染人、教育人,充分发挥它在弘扬中华优秀传统文化方面的作用,是一项重要的工作。

中华民族优秀传统文化是多元的,名人文化仅是它的一个组成部分。对于重庆来说,名人文化展现了其丰富的内容,是研究和了解这座城市的重要参考,为保留城市记忆提供了非常好的视角。同时,名人文化的传承,需要载体和传人,不忘本来才能开辟未来,善于继承才能更好创新。

要让更多的名人文化珍存"活起来",需要更多的敬畏与苦心孤诣。唯其如此,中华传统文化的薪火方能传之久远。

在中共重庆市委、市人民政府对重庆历史文化工作的高度重视下,2005年7月,《重庆历史名人典》一书编辑出版,2007年6月,重庆历史名人馆建成开馆。这一书一馆,展现了200位本籍和客籍重庆历史名人的生平和业绩,展现了重庆人杰地灵的古今风貌,是一幅色彩斑斓的重庆历史演绎图,也是一本生动形象的重庆名人文化教科书。自2007年以来,"一书一馆"作为传播重庆名人文化的重要平台和载体,在传承弘扬重庆名人文化,推动重庆文化建设、精神文明建设等方面起到了重要的作用。

名人文化永远是一脉流动的活水。让重庆名人文化焕发出新的生机与活力,无疑是当前重庆文化领域一项重要而迫切的任务。为此,笔者提出如下建议:

第一,希望市、区领导更加关心和重视重庆名人文化研究工作,组织有关部门对重庆名人文化进行调研,帮助解决存在问题,切实加大对重庆名人文化的宣传力度。

第二,深入挖掘重庆名人文化史料,对涉及重庆名人文化的文献资料、图片、手稿、书信、物件等,在现有基础上,再进一步面向社会广泛征集,并对所得资料予以收藏、整理、陈列、展示,充分发挥名人文化在爱国主义精神教育中的重要作用。建议把重庆历史名人馆列为重庆市市级定点参观单位(如安徽省,已把"安徽名人馆"列为省级定点参观单位),努力将重庆历史名人馆打造成为全国一流的展馆,以使更多参观者了解重庆的历史文化,从而激发和增强人们对重庆的热爱之情。建议开展更多与名人文化相关的主题宣传展示活动,并合理、有效地利用名人故居,更好地发挥名人文化的社会教育功能;开展文献利用、文物保护、学术交流、人员培训等活动,推进历史名人文化的研究、展示及宣传。

第三,为加强对重庆历史名人文化的研究和宣传工作,建议筹建"重庆名人文化研究会",并在已创办的《重庆历史名人》刊物上,开设"重庆历史名人文化研究"专栏。对涉及重庆名人文化的重要遗址、故居、墓、碑、塑像、纪念馆、纪念园及命名建筑、道路、学校、广场等,进行一次全面普查,以摸清情况。同时,按照国家文物保护法的具体规定,根据它们的历史价值,分别确定相应的文物保护级别,结合所在区域的建设和发展,予以修复和保护。

第四,名人文化是名人创造的精神财富,是国家经济社会发展的动力之一,可以带给人们勇攀高峰的斗志与毅力。深入研究、继承和弘扬名人文化,就是要让它在当代社会"活起来",进一步进入社会的视野,沁入人们的心田。

2012 年 11 月 29 日,中共中央总书记习近平同志在中国国家博物馆参观"复兴之路"展览时,第一次深情阐述了"中国梦"的概念。他指出,实现中华民族伟大复兴,是中华民族近代以来最伟大的梦想,到中国共产党成立 100 年时,全面建成小康社会的目标一定能实现,到新中国成立 100 年时,建成富强、民主、文明、和谐的社会主义现代化国家的目标一定能实现,中华民族伟大复兴的梦想一定能实现。

抚今追昔,历史名人垂青史;励志图强,名人文化催征程。

实现中华民族伟大复兴中国梦,建成富强、民主、文明、和谐的社会主义现代化国家,呼吁我们要大力弘扬社会主义先进文化。如何让名人文化融入现代生活,这是人们必须思考的一个现实命题。只有让名人文化真正成为百姓生活的一部分,名人文化遗产才拥有新的归宿,才能增强全民族文化创造的活力,不断丰富人民的精神世界,增强人民的精神力量,不断增强文化整体实力和竞争力,促使国家朝着建设社会主义文化强国的目标不断前进。

长河浩荡,在时间的轴线上,需要把握住历史、现实与未来;高山巍峨,在精神的维度中,需要把握住时代精神、民族精神与核心价值;大海空阔,在世界的尺度上,需要把握住文化的交锋、交流与交融。只有这样,才能建立起真正的文化强国,让当代中国大踏步走向世界,走向未来。

　　天地转,光阴迫。让我们在建设社会主义文化强国的征程上,创造名人文化的新辉煌,谱写出名人文化的新篇章!

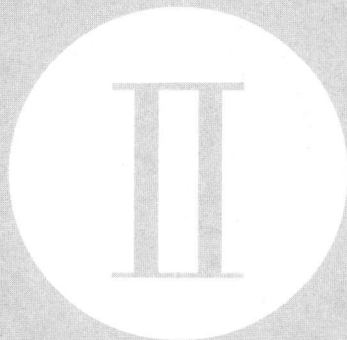

II

名人馆建设

第二部分

新时期名人文化研究与名人馆建设学术研讨会文集

亲历重庆历史名人馆的建立^①

□林达开^②

重庆是历史悠久、人文底蕴深厚的历史文化名城,养育了无数卓有建树的杰出名人。2003 年至 2007 年,笔者亲历了重庆十大文化设施之一的重庆历史名人馆遴选名人、选址定点、设计立项、工程建设、落成开馆的全过程,见证了政府重视、部门配合、专家奉献,齐心协力打造重庆基础文化设施的动人场景。

遴选名人

2003 年 8 月 27 日上午,重庆市政府常务会议审议重庆市人民政府文史研究馆(简称"市文史馆")发展馆员的议题,笔者列席了会议。会议刚结束,主管市文史馆工作的副市长、九三学社重庆市委主委谢小军叫我到他办公室,传达市长王鸿举的指示,要求市文史馆牵头组织遴选出 200 名重庆历史名人,编辑出版一本有关重庆历史名人的书籍。副市长谢小军

①　本文原载《风雨同舟 60 年——纪念中华人民共和国人民政协成立 60 周年重庆文史资料专辑》,西南师范大学出版社,2009 年 9 月第 1 版。汇编时略有改动。
②　作者系重庆市人民政府文史研究馆原副馆长。

对此项工作还提出了相应要求,希望市文史馆组织专家和馆员研究,尽快提出工作方案。

当日,笔者向时任重庆市政协常委的市文史馆副馆长王群生通报了市政府领导下达给市文史馆的任务,他听后非常高兴。我们认为,这是市政府近年来第一次把重要任务交给市文史馆,一定要尽力做好。

9月2日,笔者主持召开了市文史馆馆务办公会议,传达了市政府领导交办的遴选重庆历史名人的任务,会议围绕如何贯彻落实市领导的指示开展,讨论热烈,并形成了实施方案。会议确定由副馆长王群生主持召开一次馆内馆外专家会议,进一步研究评选历史名人的原则和办法,完善修改后将工作实施方案报市政府审定。方案主要内容有以下几点:一是推荐历史名人的范围,由市政府办公厅发文,由全市各区县、市级各单位广泛推荐;二是组织评选历史名人的机构,成立由领导和专家组成的评审委员会和编撰委员会,负责历史名人的评审和历史名人书籍编撰工作;三是提出遴选历史名人的原则和办法。工作方针:厚今博古,兼收并蓄;遴选范围:从古到今的政治、经济、军事、文化、艺术、科教、民族、宗教等领域;遴选标准:在上述领域内,选取在历史上贡献卓越、影响广泛且有代表性的重庆籍、曾在重庆工作的客籍和外国籍名人,当代名人只限已故人士。

9月27日,重庆市政府副秘书长张明树召开市级有关部门、大专院校的负责人会议。会上讨论通过了市文史馆提出的工作实施方案,宣布成立由市长王鸿举任名誉主任、副市长谢小军任主任的重庆历史名人评审委员会,组成以市文史馆副馆长王群生为主编的编委会,确定市政府办公厅发通知在全市范围内广泛征集历史名人信息。

10月28日,重庆历史名人评审委员会副主任、市政府副秘书长张明树主持召开会议,听取并审议重庆历史名人评审委员会办公室(办公室设在市文史馆)汇集的全市范围内推荐而来的历史名人,在此基础上,遴选出本籍名人 110 名、客籍名人 110 名,会议初步确定 200 名历史名人,送交重庆市有关部门和专家进一步征求意见。最后再收集反馈意见,吸收调整,形成了 200 名历史名人名单,经重庆历史名人评审委员会通过。

2004 年元月,市文史馆正式向市政府建议,请示在重庆朝天门广场负一楼建重庆历史名人馆,将 200 名重庆历史名人通过艺术塑造陈列展出。

2004 年 5 月,市政府批准评选出的 200 位历史名人,确定出版印刷《重庆历史名人典》,在 2005 年亚太城市市长峰会前夕向国内外宣传重庆历史名人。同时把《重庆历史名人典》的资料作为设计实施重庆历史名人馆的文字资料,来推进重庆历史名人馆的建设。市文史馆提出的建议和意见,均被市政府领导采纳。

选址定点

重庆历史名人馆、重庆文化艺术展示中心的选址,要从 2003 年 8 月 20 日说起。这天上午,笔者和市文史馆副馆长王群生一道,按预约去向市长王鸿举汇报工作,主要是请求市政府在处置烂尾楼中拨款购置 2000~3000 平方米的房屋,用于建设重庆文化艺术展示中心。理由是:市文史馆负有海外联谊的工作任务,需要一处对外文化交流场馆。2001 年市文史馆举办的"老照片"展和 2003 年举办的"海峡两岸情"山水画展均获成功,唯显不足的是展览场地受局限,中外客人都有同感,认为重庆文化基础设施亟待改善,以适应直辖市的发展。鸿举市长听我们汇报后,表示支持,叫我们写个报告。

经市文史馆办公会研究,确定向鸿举市长写专题建议报告。令笔者十分感动的是,副馆长王群生主动提出执笔起草文稿。专题建议报告报出一周后的 9 月 10 日,鸿举市长作出明确批示:奇帆、公卿,如在烂尾楼处置过程中有合适的地方,可以考虑采纳文史馆的意见,我们确实少了一处在当道处可举办一个小型展览的地方。

市文史馆的建议被市政府采纳,这给予了我们极大的鼓舞,同时也让我们深感责任重大。接下来就是如何抓落实,确定几个区域,在烂尾楼中选址。按照时任副市长赵公卿的批示,市城乡建委配合提供了几处当道的烂尾楼。王群生副馆长不顾身体有疾,顶着烈日,和我们一道从江北观音桥、红旗河沟到渝中两路口、临江门实地考察,初步选定文化宫中门外左侧的养花溪大厦。经向守楼人员打听,称此楼已被重庆市城投公司整体收购,要买房只能找市城投公司。得知这个消息的第二天,笔者找到市城投公司总经理华渝生。华总经理听我说明购房建文化艺术展示中心的来意后,表示支持,但文化宫中门外养花溪大厦已被市里安排,展示中心无法安排进去。华总经理接着向我们推荐了两处空置房:一处是观音岩公路下面的一栋楼;二是朝天门广场负层的空置房。同时他还向笔者透露,重庆市确定在朝天门广场负层规划展览馆,可先去看看。如需要就抓紧定,如购房,给予 2300 元/平方米左右的优惠价格。

在华渝生总经理介绍安排下,我和副馆长王群生及业务处处长罗光杰,办公室副主任刘宗平、陈利萍一起到朝天门广场负层进行认真考察,重点对负一层作了详细了解。考察后大家一致认为:朝天门广场负一层是建设重庆历史名人馆、重庆文化艺术展示中心的最佳场地。随即我们向华总经理回复已选定,请其支持预留安排。

2004 年 1 月 2 日,市文史馆经多方考察、比较选择,正式向市政府请示,提出在朝天门广场负一层定点建设重庆历史名人馆、重庆文化艺术展示中心。辟建永久展出的重庆历史名人馆,馆内陈列展示重庆市选定的对推动重庆历史、社会发展有突出贡献的 200 名历史名人的生平事迹、历史图片、小型塑像,让重庆厚重的历史人文精神能直观、艺术地向广大市民及海内外游人展示。请示意见受到市政府领导的高度重视。1 月 11 日,常务副市长黄奇帆批示:"予以同意,与规划展示馆异曲同工、相得益彰。请市规划局、市城投公司协助相关布局。"

2004 年 2 月 5 日,市城投公司董事长雷尊宇召开有市规划局、市文史馆等单位参加的重庆规划展览馆建设协调会,会上确定,重庆文化艺术展示中心进入朝天门广场负一楼。

2004 年 2 月 27 日,市政府第 24 次常务会议审议了《重庆市规划展览馆筹建有关工作的请示》,会议决定在展览馆场地负一层规划"文化艺术展示中心"。至此,重庆历史名人馆、重庆文化艺术展示中心经市政府批准纳入重庆市十大文化设施建设项目,在朝天门广场负一层定点建设。

设计立项

重庆历史名人馆定点在朝天门广场下建设,这只是起步,更加繁重的任务和协调工作等待我们去努力推动。

2004 年 3 月,春节刚过不久,市文史馆研究确定:一是由副馆长王群生带队,率有关专家和工作人员赴安徽名人馆考察,在考察基础上,馆里组织馆内馆外专家研究,提出了建设历史名人馆的构思方案;二是副馆长王群生负责撰写"重庆历史名人馆建设实施方案(文本简述)"(这是王群生副馆长不顾身体有疾,主动提出来的),其总体思路是"把历史名人馆建成一幅形象、高雅的重庆历史演绎图,一本打开的重庆人文教科书,一处生动的爱国主义教育基地,一个中外游客乐于观赏的好去处";三是组建一个由著名艺术家、史学家组成的艺术设计组,邀请著名雕塑家,重庆大学人文学院院长、教授,市文史馆馆员江碧波担纲设计重庆历史名人馆。

2004 年 4 月,市文史馆将考察安徽名人馆、筹建重庆历史名人馆的前期工作情况,历史名人馆实施文本,建设所需经费的概算等,向市政府作专题报告,请市政府安排专项资金,以便启动建设。市政府批请市有关部门提出意见。

2004 年 4 月 28 日,市发改委向市政府提出《关于重庆文化艺术展示中心、重庆历史名人馆前期工作相关问题》的建议意见:一是名人馆作为重庆规划展览馆的一部分,整个项目应由市城投公司统一运作实施;二是包括名人馆在内的重庆规划展览馆作为全市十大文化重点项目之一,应按照市委、市政府确定的十大社会文化项目的管理体制和运行模式进行;三是名人馆展示重庆历史与规划馆展示未来发展规划性质一样,并且相得益彰,建设资金来源由市城投公司将该部分建设资金全部纳入规划展览馆总体盘子中统筹考虑。市文化局在向市政府的反馈意见中肯定:"市文史馆关于建设展示中心的思路是积极的,想法是可取的。市文史馆的建议,从展示重庆地域文化的独特个性、回顾重庆传统文化,对重庆当代艺术以及未来的探讨,让世人更加了解重庆等方面看,都有十分积极的意义。特别是在当今中国与世界的艺术交流日益活跃的情况下,我们不仅要积极适应环境,还应主动创造良好的环境。市财政局向市政府反馈意见认为:从长远看,开辟文化形象展示窗口,建立重庆文化艺术展示中心,进一步提高完善我市文化基础设施是必要的。

市级有关职能部门对建设重庆历史名人馆项目给予了充分肯定,积极配合建设,让我们十分感动。2004 年 6 月至 11 月,我们努力与有关部门联系,协调建设资金。但是,由于建设历史名人馆的资金未落实,致使整个工程项目停滞不前。此时,笔者和王群生副馆长深感压力重大,弄不好将前功尽弃。2004 年 12 月,在多次争取协调无果的困难情况下,笔者与王群生副馆长商定,再次联名向市领导紧急报告,建议尽快协调解决历史名人馆建设资金,推动全市社会文化重点项目建设。

2004 年 12 月 28 日,常务副市长黄奇帆分别在《市文史馆关于解决重庆历史名人馆建设资金的紧急报告》和《重庆历史名人馆文本简述》上向市长请示:"鸿举市长,文史馆搞历史名人馆的构思不错。此报告主要是向市政府提出 2200 万元的财务申请,我考虑一并纳入十大文化项目财务盘子和经费渠道,此款由地产集团按计划进度支付,由城投公司和文史馆协同实施。当否,请示。"12 月 30 日,市长王鸿举批示:同意。

2005年新年伊始,我们收到市领导解决历史名人馆建设资金的批文,心里有说不出的高兴,盼望已久的"愁急"(筹集)资金问题终于落到实处。我们立即与重庆地产集团董事长李英儒、总经理彭正均联系,他们表示按市领导批示意见办,支持历史名人馆建设,并答复先安排一笔启动资金。

2005年4月1日,市文史馆组织召开了重庆历史名人馆设计方案专家评审会,评审并通过了由江碧波教授担纲设计的方案。专家一致认为:该设计方案运用丰富的艺术语言和现代高科技表现形式,对于揭示重庆历史人物的历史贡献、精神风采和文化内涵,深入浅出,艺术感染力强,实现了历史理性和艺术浪漫的完美结合。

2005年5月19日,市政府第53次常务会议审议并通过了《重庆历史名人馆设计方案》,会议对个别历史名人提出调整意见。之后,市发改委根据市政府第24次、第53次常务会议决定,向市文史馆下达了关于重庆历史名人馆建设项目立项的批复,工程实行建设管理代理制,由市诚投房地产开发有限公司(下称"诚房公司")作为代理业主,负责该项目建设。

工程建设

市政府非常重视重庆历史名人馆的建设工作,成立了建设协调小组,聘请重庆市著名专家学者组成顾问组,确定市文史馆为项目业主,诚房公司为代理业主负责组织实施项目建设。市文史馆自始至终把建设重庆历史名人馆作为一件大事来抓,在组织考察调研、撰写实施文本、策划设计方案、协调实施建设、史料收集考证、人物形象塑造、艺术效果展示、评审通过项目等方面,充分发挥专家、馆员的文史、艺术特长,积极配合代理业主和施工单位,保障工程建设。

(1)市政府确定成立建设协调小组。2005年6月13日,市政府召开市有关单位建设专题协调会,宣布成立建设协调小组,由市政府副秘书长张明树牵头协调建设工作。会议确定历史名人馆建设有关工作,形成并下发市政府专题会议纪要〔2005〕121号文。这标志着市政府加强了对历史名人馆建设工作的领导,重庆历史名人馆建设进入实施阶段。

(2)正式签订委托代理建设公司合同。2005年9月28日,遵照市政府决定,市文史馆为历史名人馆项目业主,诚房公司为项目代理业主,经过双方3个多月的精心筹备,在诚房公司会议室,笔者代表市文史馆项目业主方,诚房公司董事长石本同代表项目代理业主方在《重庆历史名人馆、文化艺术展示中心装饰、布展建设代理合同书》上签字。张明树、王群生、王明钢、丁文川等出席了签字仪式。

(3)组成专家顾问组指导工程建设。工程建设中,为配合代理业主做好艺术布展和保障服务工作,成立了专家顾问组,聘请文博专家郭相颖,艺术专家杜显清,历史学家刘重来、许增纮,文史专家曾健戎、王进,语言专家庄惠珍,英语专家丁永淑、夏洪进,工程专家彭光忠,日语专家陈菲等一批馆内馆外的专家参与历史名人馆的相关建设工作,专家们为历史名人馆建设发挥了独特优势,奉献了智慧和力量。

工程建设中,特别邀请市委宣传部副部长、市党史办主任周勇,重庆中国三峡博物馆馆长王川平,市文化局副局长厉华,市党史办副主任罗心福、处长张鲁鲁等专家到现场指导。他们对历史名人馆布展、装饰、艺术表现、人物塑像摆放、灯光效果等提出宝贵意见,对上墙文字严格审查把关,对名人馆建设给予了大力的支持和帮助。借此,向帮助和支持重庆历史名人馆建设的友好人士表示衷心的感谢。

(4)市领导对历史名人馆建设工程非常关心。市委、市政府非常关心历史名人馆的建设。时任市委副书记邢元敏在《市文史馆关于重庆历史名人馆工程建设情况的报告》上批示:请宣传部门关心关注名人馆建设,尤其是名人及名人的简介方面要参与把关导向,支持帮助。市委常委、宣传部长何事忠批示落实把关导向。副市长谢小军、市政府副秘书长张明树多次听取历史名人馆建设工作汇报,多次到历史名人馆建设现场考察指导,加强对工程建设的领导,适时协调解决工程建设中遇到的困难和问题,要求各相关建设单位充分配合,积极支持,确保工程质量和艺术效果。

(5)工程建设通过专家验收。2007 年 5 月 25 日,由重庆中国三峡博物馆原馆长王川平为组长的专家验收组,对历经两年建成的重庆历史名人馆陈列内容暨表现形式进行评审。专家评审意见认为:陈列内容力求客观公正、实事求是,达到了以史为鉴,促进和谐,激励后人,介绍重庆的预期效果;展览形式既是"历史的艺术",又是"艺术的历史",在忠于史实的基础上,放飞想象,对创造凝重而浪漫的艺术氛围作出了有益探索,展现出生动的巴渝画卷;展览表现手法较为丰富,环境塑造较为合理,具备了对外开放的条件。专家验收组客观真实的评价,令建设者们感到欣慰。

落成开馆

重庆历史名人馆建设项目,从 2003 年下半年评选历史名人开始,到 2007 年 5 月工程通过验收,前后历经 4 年时间。项目正式启动建设时间(2005 年 6 月—2007 年 5 月)为 2 年。经过广大建设者的艰苦奋斗和共同努力,坐落在重庆朝天门广场负一楼的重庆历史名人馆、重庆文化艺术展示中心(建设面积 3757 平方米,建设总投资 2200 万元,含购置房产费用 8679732 元)终于在纪念重庆直辖市成立 10 周年之际落成开馆,正式对中外游客开放。

2007 年 6 月 16 日上午,重庆历史名人馆落成开馆开幕式被市委、市政府纳入纪念重庆直辖市成立 10 周年庆祝活动、重庆市首届文化艺术节活动的总体安排,批准市文史馆邀请中央文史研究馆和全国部分文史馆书画艺术展同时举行。开幕式当天,中央文史馆负责人陈鹤良,重庆市市长王鸿举,市委副书记张轩,市人大常委会副主任胡健康,副市长谢小军,市政协副主席窦文兴及重庆警备区司令员张烨等出席开幕式剪彩,参观了历史名人馆展览;北京、天津、上海、四川、贵州、云南、安徽、湖北、陕西、宁夏等省（自治区、直辖市）文史馆馆长及艺术家来渝共襄盛举，庆祝重庆直辖 10 周年，祝贺重庆历史名人馆建成开放。

重庆历史名人馆的落成，正如中央文史馆负责人陈鹤良在开幕式讲话中指出的，建设重庆历史名人馆，充分体现了重庆市委、市政府对文化建设的重视，体现了重庆市文史馆在创新思路、服务文化建设方面所作的努力，对于弘扬民族传统文化，展示重庆人文精神，展现巴渝艺术魅力，具有十分重要的意义，必将在重庆乃至全国产生巨大的影响。

打造名人精神家园
弘扬优秀名人文化

——以重庆历史名人馆为例

□ 曾建伟①

　　历史创造名人,名人推动历史。在漫长的人类历史长河中,无数风流人物,用他们的聪明才智、顽强毅力和人格魅力,建功立业。在推动历史车轮滚滚前进的同时,历史名人为后人树立了光辉的榜样,形成了人类宝贵的精神财富。后来的人们,通过修建名人纪念馆来纪念他们,宣传他们的事迹,弘扬他们的精神。目前,全国名人纪念馆的建设呈蓬勃发展之势。已知的综合性名人馆有:安徽名人馆、山东名人馆、杭州名人纪念馆、徐州名人馆、重庆历史名人馆等等。纪念个人的名人纪念馆亦如雨后春笋,不断涌现,如:毛泽东旧居、邓小平纪念馆、周恩来纪念馆、朱德纪念馆、陈云纪念馆、孙中山纪念馆、宋庆龄纪念馆、张治中纪念馆、郭沫若纪念馆、鲁迅纪念馆等等。在新时期,我们如何打造名人纪念馆,发挥名人的引领作用,传承名人文化,传递正能量,推动社会健康发展,是亟需研究解决的重要课题。在此,笔者不揣浅陋,以重庆历史名人馆为例,探讨打

---

① 　作者系重庆历史名人馆馆长,副研究馆员。

造名人精神家园，弘扬优秀名人文化的一些做法，以此抛砖引玉。

重庆历史名人馆（重庆文化艺术展示中心）成立于 2007 年，是重庆市人民政府文史研究馆主管的全额拨款公益一类事业单位。名人馆总建筑面积 3757 平方米。馆内陈列了重庆有史以来对中国乃至世界的发展和文明进步具有突出贡献的且已经作古的重庆历史名人共 200 名，其中本籍名人、客籍名人各 100 名。名人馆展示厅主要运用雕塑、绘画、文字等方式，对名人的生卒年、籍贯、主要事迹等进行概括性的介绍。

为发挥好重庆历史名人馆的作用，我们主要从以下几个方面着手开展工作。

一、搜集资料，夯实基础

资料搜集是博物馆、纪念馆的基础工作。自 2007 年 6 月重庆历史名人馆建成开馆以来，我们就十分重视名人资料的搜集，包括实物资料、图书资料、影像资料等，凡是涉及该名人的物质和非物质的所有资料，都纳入搜集范围。

（一）名人实物资料

名人实物资料的搜集主要通过与名人后裔联系，争取他们的捐赠。重庆历史名人馆先后接受名人后裔捐赠实物共计 81 件，主要包括：佘雪曼书法、绘画作品 63 幅，历史名人胡子昂为佘雪曼艺文馆书写馆名"雪曼艺文馆"木匾 1 块；萧方域先生捐赠的其祖父萧湘生前使用过的民国版《辞源》（上、下册）1 套、铜糨糊盒 1 个、挖耳工具 1 套、骨环佩饰 4 件；黄墨涵隶书作品《张迁碑》立轴 1 幅；黄振惇捐赠的著名画家曾广书为徐悲鸿画像的作品 1 幅。历史名人傅友周之孙傅德仁先生，将傅氏家族珍藏了近一个世纪的一批老照片共 11 张赠予重庆历史名人馆。其中，朝天门老码头修建前专门拍摄的城门旧貌、修建嘉陵江码头奠基仪式合影以及码头初建样貌、重庆成立特别市的代表合影等照片，都具有十分重要的史料价值。

（二）口述资料

历史名人的儿子辈或孙子辈后裔现在大多高龄，将他们所知晓的关于历史名人的事迹尽可能地保存下来，是重庆历史名人馆的职责。重庆历史名人馆组织专门的工作人员，广泛联系名人后裔，同他们进行有效沟通，拟订采访提纲，再进行录音、录像，最后整理成文字资料出版。重庆历史名人馆先后录制了重庆历史名人万从木、刘孟伉、朱之洪、任鸿隽、汪云松、邹容、黄墨涵、萧湘、傅友周、潘文华、冯玉祥、顾毓琇、鲜英、李初梨、吴芳吉、陈子庄、卢作孚、胡子昂等18位名人后裔的录音、录像资料，并整理编印出版了《重庆历史名人后裔：口述实录（一）》。

（三）图书资料

重庆历史名人馆广泛联系地志办、博物馆、纪念馆等相关单位，收集、购买涉及有关名人的书籍；采购人员经常到书店挑选涉及有关名人的书籍。现在已经购买了涉及111位名人的有关书籍1600多册。

二、整合资源，加强研究

有了一定的基础资料，就要加强研究工作，以更好地挖掘历史名人的生动事迹和丰富思想，并将其整理出版。重庆历史名人馆先后编印了《重庆历史名人典》《重庆历史名人馆·艺术集 ART》《重庆历史名人馆任鸿隽》《抗战·人物——抗日民族统一战线与重庆名人》等书籍。

2016年出版重庆市内首张《重庆历史名人纪念馆/故居地图》，绘制了包括主城在内的30个区县现存的名人纪念馆（故居），对其中保存较好的226处故居进行标注，重点介绍二十多家对外开放的名人纪念馆（故居），为研究者、旅游者提供了方便、准确的地图指引。

同时，重庆历史名人馆还注重加强与其他单位的合作，共同推进名人文化研究。如：重庆历史名人馆与永川区文物保护管理所合作，正在编印出版《万从木画集》；与中共万盛经开区党工委宣传部合作，编印《刘子如史料与论文选集》，该书出版后，将是目前最全面、最丰富的刘子如史料专集。万盛经开区作者蔡佑祥撰写了一部传记作品《重庆历史名人刘子如》。当该书样稿出来后，重庆历史名人馆专门组织专家、学者召开座谈会，为该书提出中肯的修改意见。开州区作者曾信祥以重庆历史名人馆陈列的 200 位历史名人为题材，给每位历史名人作七律诗一首，并配上历史名人简介及一幅图片，通过"一诗一图一简介"的形式，形成书稿《重庆历史名人颂》。重庆历史名人馆组织专家审读后，认为该书形式新颖，有一定的价值，决定由重庆历史名人馆出经费资助其正式出版。

特别值得一提的是，2014 年初，重庆历史名人馆创办连续性内部资料《重庆名人》（2015 年更名为《重庆历史名人》），每季度出版一期，是重庆市唯——本专门介绍历史名人的专业性出版物。《重庆历史名人》自创办至 2016 年 10 月，已编辑出版 11 期，共发稿 80 多万字，配图近 1000 张，主打名人专题 9 个，多角度、全方位、立体化地展示了邹容、秦良玉、刘伯承、卢作孚、周煌、刘子如、邱少云、老舍、郭沫若等人的形象和品格。重庆历史名人馆通过多种渠道广泛发送，拥有了覆盖重庆市各部门（单位、学校）、各阶层及社会各界的读者群，收到了良好的社会反响及文化效应。

三、形式多样，大力宣传

宣传、弘扬历史名人的优秀事迹和宝贵精神，是重庆历史名人馆的神圣职责。为此，重庆历史名人馆采取丰富多样的宣传方式，大力弘扬名人文化。

（一）展馆宣传

截至 2016 年 10 月，重庆历史名人馆共接待国内外游客 127 万人次，讲解 2500 多场。特别是免费开放以后，参观人数大幅增加，宣传效果不断提升。但是，自 2013 年起，朝天门片区开始整体搬迁，受朝天门来福士广场建设的影响,广场周边主要道路被封,交通不便,来馆参观的旅游团队及游客数量大幅减少,影响了重庆历史名人馆社会效益的发挥。

（二）走进校园

组织"重庆历史名人先进事迹报告会",走进学校向广大师生宣讲。先后到重庆铁路中学、观音桥实验中学、南坪中学、珊瑚中学、渝中区实验中学、金山小学等校举办专题报告会,取得了显著效果。同时,精心制作了"团结抗日 共御外敌——抗日民族统一战线与重庆历史名人图片展"展板120多块,到各中、小学校巡回展出,获得高度关注和良好反响,在校园里掀起了一股学习历史名人优秀品质的热潮。

（三）注重运用新媒体

建立重庆历史名人馆网站,开通重庆历史名人馆微信公众号,借助新媒体介绍重庆历史名人的生平事迹,宣传名人馆的重大活动。2009年,重庆历史名人馆官网开通,采取图文并茂的方式,将馆内最新资讯、重大活动、各类展览情况及名人的生平事迹、小故事等上传到网站上,让更多人了解重庆历史名人馆。网站现开设"关于我们""名人馆动态""陈列展览""历史名人""电子杂志""参观指南""在线留言"七大板块。随着访问人数的逐年增加,网站在宣传和展示重庆历史名人馆良好形象、弘扬优秀历史文化等方面的重要作用更加凸显。为适应现代社会人们的资讯阅读习惯,重庆历史名人馆于2015年开通了微信公众号,使名人馆信息能第一时间推送给公众。

四、围绕专题,举办展览

按照中共中央总书记习近平"让文物活起来"的要求,重庆历史名人馆认真搜集、整理历史名人的图片和文字资料,制成展板,举行历史名人专题展览。这些展览内容不仅在名人馆内展出,而且还在各区县流动巡展,扩大了宣传效果,让名人馆"流动"起来,历史名人资源"活"起来。

2010 年 11 月 16 日至 27 日,举办"毕生宏愿,实业救国——康心如先生 120 周年诞辰纪念展",展出与康心如有关的照片、物品、票据 100 多件,介绍康心如的生平事迹,宣传康心如爱国、奉献、诚信、拼搏的精神。

2011 年 11 月 9 日至 20 日,举办"辛亥风云·任氏四杰——重庆历史名人任鸿隽兄弟四人大型图片、实物展",在广泛搜集挖掘图片资料的基础上,梳理了他们革命救国的历史线索,制作展板 75 张,展柜 12 个,共展出图片 158 张,实物 120 余件。其中不少实物在国内还是第一次公开展出,具有很高的文件价值和研究价值,受到了国内专家的高度肯定。在重庆市文物局组织的 2011 年度重庆市博物馆展览项目评选活动中获优秀展览项目奖。

2013 年 8 月 14 日至 9 月 14 日,举办"团结抗日 共御外敌——抗日民族统一战线重庆历史名人图片展"。该展览为纪念中国人民抗日战争胜利 68 周年而举办,展览了精心制作的图文资料展板 150 余张,展出了包括毛泽东、周恩来、蒋介石、张自忠、沈钧儒、郭沫若、史迪威等为抗战作出卓越贡献的 84 位重庆历史名人的历史图片,共计 500 多张。人民日报(海外版)、中央人民政府网、新浪网、腾讯网、华龙网、重庆日报、重庆晨报、重庆晚报等众多主流媒体对该展览作了宣传报道。该图片展展出后,收到参观者留言 200 余条,得到社会各界的一致认可和广大观众的广泛好评。该展览获得 2013—2014 年度"重庆市博物馆十佳优秀展览"称号。

2014 年 7 月至 8 月,举办"佘雪曼诗书画作品展",展示重庆历史名人佘雪曼的艺术风采。展出佘雪曼作品共 59 件,包括 31 幅书画作品及 28 件印刷品,其中不乏佘雪曼先生的代表作。

2015 年 3 月至 2016 年 7 月,举办大型原创展览"巴山渝水人中杰 毓秀钟灵百代贤——重庆历史名人图片巡展",制作展板 52 块,共展出图片 500 余张,集中展示 100 位重庆本籍历史名人的事迹。通过巡展的方式,拓展了宣传阵地,弘扬了优秀历史文化。目前,该展览已先后在巴南、綦江、万盛、涪陵、江北、荣昌、潼南、永川、铜梁、大足、合川、北碚、璧山、江津14个区县巡展,参观群众逾30万人次,取得了良好的社会效益。该展览入选"2015全国博物馆展览季活动推介名录"。

五、倡导成立名人馆联盟

重庆作为国家级历史文化名城,文物遗存十分丰富,特别是涉及历史名人的遗存,遍布于重庆境内。据不完全统计,重庆现存历史名人纪念馆、故(旧)居226处,广泛分布在全市30个区县。其中以渝中区、南岸区、沙坪坝区、北碚区较为集中。各名人纪念馆在场馆建设、资料收集、研究宣传、陈列展览、游客服务等方面,做了大量扎实有效的工作,使重庆名人纪念馆的发展呈现欣欣向荣之势。但毋庸讳言,重庆现有的名人纪念馆多数体量偏小、经费不足、人员偏少,远未发挥出应有的作用。为了整合资源,让各名人馆发挥出更大的效应,2015年,我们倡导成立了重庆市名人纪念馆联盟,目的就是搭建平台、交流沟通、资源共享,以最大限度地发挥各纪念馆的作用。在各兄弟纪念馆的大力支持、积极配合下,联盟顺利成立。至今,联盟成员单位就资料交换、人员交流、合作研究、交流展览等方面,进行了有益的探讨,并取得了一定的成效。

历史与文化是我们民族的足迹,记录了数千年来在这片土地上生存过的人类的痕迹,而历史名人则是人类的优秀代表。我们今天所做的点点滴滴,搜集、研究、宣传、弘扬历史名人的优秀事迹,打造历史名人精神家园,是为了从历史名人文化中汲取不竭的力量,助力文化传承的伟大事业及"两个一百年"中国梦的实现。

化"无形"为"有形"：
新时期名人馆建设

——以安徽名人馆为例

□ 程　红①

　　名人是特定历史时期在某一领域或某一方面对国家或民族作出过较大贡献,起过重大作用并对后世有着深刻影响的杰出人物。名人文化对任何一个地方来说都是极其宝贵的文化资源,尽管一些历史名人逝去已久,但由于同居一地,生长在同一片山水中,尤其是近代名人,甚至还可能与在世之人沾亲带故,很容易让人们产生亲切感和自豪感。发挥名人文化效应,就是对历史名人有意识地进行大力宣传和弘扬,形成一种强大而持久的渗透力,激励人们形成良好的精神面貌,以服务于国家、社会及个人发展。名人馆是名人精神宣传的重要载体和阵地,建设好名人馆,对名人文化研究及名人精神传承意义重大。

一、安徽名人文化资源丰富

　　安徽名人数量多。数千年来,江淮儿女在这片美丽富饶的土地上繁衍

---

① 　作者系安徽名人馆馆长。

生息,生产劳作,学文习武,这片土地涌现出许许多多的杰出人物。在 1987 年出版的《安徽历代名人》中,就收录自先秦至现代的安徽政治家、军事家、思想家、科学家、文学艺术家、农民起义领袖、能工巧匠等历史名人 728 人。如管仲、孙叔敖、张良、华佗、周瑜、嵇康、朱温、杨行密、毕昇、渐江、戴震、方苞、吴敬梓、黄宾虹、朱光潜、陶行知、王稼祥、戴安澜、赵朴初……他们活跃在各个历史时期,他们的名字在华夏历史的星空上,熠熠生辉。

安徽名人影响大。安徽不但名人多,而且许多安徽名人对中国历史产生了重大影响,如在"百家争鸣"时代独树一帜的道家学派代表人物老子、庄子,雄才大略的政治家、军事家、文学家曹操,廉洁奉公的千古清官包拯,明朝开国皇帝朱元璋,近代洋务运动领袖李鸿章,台湾首任巡抚刘铭传,中国共产党早期创始人陈独秀和新文化运动的旗手胡适等。

安徽名人著述多。安徽文风昌盛,大家辈出,学术著作更是汗牛充栋。清乾隆年间所修《四库全书》,采集经史子集图书 3000 余种,其中安徽人的著作就有 400 余种,近总数的 1/7。1989 年出版的《皖人书录》,收录 1919 年以前皖人著述 17000 余种,涉及作者 6600 余人。

安徽名人文物多。安徽境内有大量与名人有关的文物保护单位,如名人纪念馆、故居、墓地等。仅在合肥市就有冯玉祥故居、刘铭传旧居、李氏家族旧宅等 3 处国家重点文物保护单位。此外,合肥市 36 处省级文物保护单位中,与历史人物相关的文物保护单位就有 11 处。在省外,安徽名人也留下很多足迹,如重庆江津的陈独秀旧居。

合肥市部分省级及以上与名人相关的文物单位情况表

序号	名称	级别	年代	类别	所在区域
1	李氏家族旧宅	全国重点文物保护单位	清代	近现代重要史迹及代表性建筑	合肥市
2	冯玉祥旧居	全国重点文物保护单位	近代	近现代重要史迹及代表性建筑	巢湖市
3	刘铭传旧居	全国重点文物保护单位	清代	近现代重要史迹及代表性建筑	肥西县
4	李鸿章享堂	省级文物保护单位	清代	古建筑	合肥市

序号	名称	级别	年代	类别	所在区域
5	包公祠	省级文物保护单位	清代	古建筑	合肥市
6	教弩台旧址	省级文物保护单位	三国	古遗址	合肥市
7	张治中故居	省级文物保护单位	近代	近现代重要史迹及代表性建筑	巢湖市
8	李克农故居	省级文物保护单位	近代	近现代重要史迹及代表性建筑	巢湖市
9	周瑜墓	省级文物保护单位	三国	古墓葬	庐江县
10	吴复墓	省级文物保护单位	明代	古墓葬	肥东县
11	包氏宗祠	省级文物保护单位	清代	古建筑	肥东县
12	武壮公祠	省级文物保护单位	清代	古建筑	庐江县
13	何珹墓	省级文物保护单位	唐代	古墓葬	庐江县
14	孙立人故居	省级文物保护单位	民国	近现代重要史迹及代表性建筑	庐江县

安徽名人何以如此众多,简单来说原因可归为三点。

一是地理位置独特。安徽地控江淮,连接南北,贯通东西。名山胜水遍布境内,自然、人文景观珠联璧合。皖北的沉郁苍凉与皖南的细腻柔美相互交融,不同地域文化的交融,使得生于此地区的人们更能够了解不同地区的风土人情,更容易形成开阔的思想、创新的意识,他们更能够把握时代脉搏,顺应社会发展形势。

二是安徽人重视培养子弟读书上进。在安徽地区流传着"穷不丢书,富不丢猪"的谚语,"耕读传家"观念深入人们心中。据文献记载,仅清代安徽录取进士就有1142人,古徽州休宁县被称为"中国第一状元县"。从宋嘉定十年(1217年)到清光绪六年(1880年),休宁一共出了19名文武状元,居全国各县之首。状元纵然比不上名垂青史的名家大儒让人耳熟能详,但却是安徽人重视读书的见证。

三是安徽经济繁荣。安徽自古便是中国经济重心,"走千走万,不如淮河两岸",唐后期有"赋之所出,江淮居多"的说法。到了明清时期,徽商崛起,徽商"贾而好儒",重视文化发展,支持文化建设,讲究商业道德,提倡以诚待人，以义接物，以信通天下。"红顶商人"，今安徽绩溪县人胡雪岩，是近代中国商界传奇人物。在杭州胡庆余堂大厅里，胡雪岩挂了两块匾，对内一块是"戒欺"，对外的是"真不二价"，两块匾额见证了胡雪岩所追求的商业信誉和商业道德。胡庆余堂出售给顾客的人参，都是在购进时放入生石灰中吸过水分的，把含水量降到最低，就是要保障顾客的利益。他还要求员工除了"勤谨能干"外，还需"诚实心慈"，因为只有品行端正的员工，才能时时注意药店品质，才能时时为顾客所想。

安徽人杰地灵，一代代安徽名人在不同领域为自己的家乡赢得了荣誉，也为中华民族的发展作出了不可磨灭的贡献。当今这个时代，各地争夺名人，研究名人，宣传名人，正是因为名人身上有一些闪光点，值得人们去学习和纪念。

正所谓"怀揣大饼，饿死懒汉"，安徽虽然有众多名人，但如果不能很好地研究名人文化，宣传名人精神，也只能将这笔财富白白浪费。为了解决名人文化研究分散，力量薄弱，设施不足等问题，合理整合名人文化资源，方便人们更好地了解名人文化，安徽名人馆便应运而生。

二、安徽名人馆概况

安徽名人馆始建于 2009 年，位于安徽省合肥市滨湖新区，占地面积6.5 万平方米，总建筑面积 3.8 万平方米。安徽名人馆秉持科学的态度、严谨的作风，以事实为依据，以场馆为载体，通过运用声光电等现代技术，将安徽历史和文化精髓相融合，通过展现史前到现代安徽历史上的杰出人物，体现安徽物华天宝、人杰地灵的美好形象。这里既是重要的校外素质教育基地，也是海内外游客了解安徽、认识安徽的重要窗口。

安徽名人馆建筑采用了徽派建筑特色，场馆外立面颜色主要是黑白灰三色。一层由互动体验厅、国学讲堂、3D 影院、临时展厅、数位智库组成，同时正在筹建蜡像馆；二、三层为基本展陈区，展陈面积约 1 万平方米。

在一层的互动体验厅,游客可通过感应设备体验礼、乐、射、御、书、数"六艺";国学讲堂是学习琴棋书画,举办高端讲座和成人礼的场所;可同时容纳200多人的3D影院,循环播放关于安徽名人馆的3D影片,也可以举办学术交流报告会;700余平方米的临时展厅,将不定期举办各种特色展览和其他活动;在数位智库,游客可以查询安徽名人馆内所有展陈资料,更详细地了解安徽文化脉络。

二、三层基本展陈区由序厅和8大展厅组成,共收录了5000多位名人。其中重点展出95组120余位,他们或为安徽籍,或跟安徽颇有渊源。展厅遵循时间脉络,分为"文明曙光中的先祖"(远古—先秦)、"智慧星空中的先知"(秦汉—南北朝)、"文化繁荣时的先人"(隋唐—宋元)、"巩固金瓯中的先驱"(明朝)、"学派林立时的先进"(清朝)、"变革中探索的先导"(晚清—民国)、"烽火中前行的先锋"(民国—新中国)、"艺苑奇葩中的先伶"(清朝—新中国)。

2015年10月10日,安徽名人馆正式对外开放。一年来,安徽名人馆共接待国内外游客129万余人次,日均接待游客3500人次,取得了良好的社会效益。

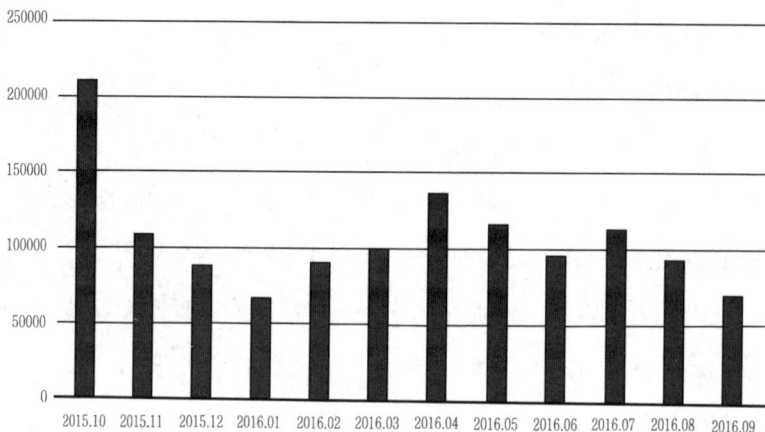

安徽名人馆入馆人流量柱状图

三、新时期下安徽名人馆建设

名人文化总的来说是一种"无形"的东西,如何讲好名人故事,需要"有形"的物质载体来体现。化"无形"为"有形",考验博物馆的建设和经营管理能力。只有做好"有"的工作,才能激发游客的参观热情。在这方面,安徽名人馆做了许多有益尝试。

首先,安徽名人馆有良好的发展理念。安徽名人馆在建设之初便确立了以"人"为核心的发展理念。很多人在评价博物馆时,往往习惯从馆藏文物数量及馆藏珍品来衡量。和一般博物馆不同,安徽名人馆并没有大量珍贵文物藏品。但从参观人数看,这似乎并没有影响人们的参观热情。游客来参观安徽名人馆,一方面是因为社会经济的发展提高了人们的生活水平,人们对精神文化生活的需求越来越旺盛;另一方面,也与安徽名人馆自身建设水平较高,对游客产生了巨大的吸引力有关。通过对参观者的调查访问,我们了解到,大部分参观过安徽名人馆的人认为:来到名人馆后感触很深,收获很大,觉得很有必要参观。一般来说,博物馆主要有四大基本功能,即收藏、展示、教育、研究,而新博物馆概念则尝试对旧有功能进行深化和完善。新博物馆概念注重社区与民众的需求,并将其作为博物馆经营的最高准则。新博物馆理念讲究的是以人为核心,从重"物"转向重"人",注重服务人及社会。把博物馆推向人们的日常生活,不是让人们带着一种崇敬的心情来参观,而是通过展示,为个人发展服务,为文化创新服务。因此,新时期博物馆建设要满足公众多样化需求,提高博物馆的服务能力,让博物馆真正成为社区文化生活中心。

其次,安徽名人馆有科学严谨的工作作风。安徽名人馆是目前国内规模最大、展示内容最全的名人专题类博物馆。安徽名人众多,如何选取重点展出人物?如何评价历史人物?哪些人物最能代表安徽?只有解决了这些问题,才能更好地将安徽名人介绍给游客。安徽名人馆坚持以事实为依据,以科学严谨为准绳。在尽量整合各种资源后,选取展出人物,经过专家学者多次讨论和筛选,最终确定集中展示 95 组有杰出贡献的历史名人。展出名人的介绍文字及相关实物经专家反复论证后,才由专业的设计公司制作而成。

第三,安徽名人馆有丰富且新颖的展出内容。安徽名人馆为更好地展示名人文化,通过展板、图片、实物、人物雕塑、投影等多种形式对名人进行展示。通过还原历史场景,让人们更直观深刻地感受如太公垂钓、鸿门宴、木兰还乡等名人故事。注重运用现代科学技术,如用投影成像技术生动地展示了包拯辞官孝亲的故事。专门制作了 3D 影片《名人馆奇遇记》,用动画形式,生动再现了安徽名人馆的展陈主题。"徽黄艺苑"的灯光、投影智能控制系统,实现了舞台灯光的完美融合。注重游客互动体验,让游客在互动交流中更好地了解名人文化,享受参观乐趣。

第四,安徽名人馆有标准化的场馆服务。常参观博物馆的人应该会有这么一种体验,就是进入场馆之后感觉没人"管"了。安徽名人馆引进了国家一级物业管理企业,努力打造标准化服务。参观者一进馆便能够免费领取名人馆导览图,让参观者全面了解场馆的布局,便于参观者参观。场馆内有 LED 大屏幕和人性化的语音播报服务,能够及时为游客提供帮助和解决问题。每天定时为游客提供免费讲解服务,同时开通智能讲解系统,游客通过手机智能系统便能够免费听到场馆内容介绍。积极推进无障碍建设,增设残疾人通道标记指示牌、残疾人服务台、参观路线指示牌、绿化指示牌、饮用水供应点、游客休闲区等等,保障日常接待和公众参观质量。发放游客参观意见反馈表,及时收集意见和建议并不断改善服务质量,提升服务水平。

参考文献

[1]李鹏,张嘉.安徽历代名人[M].合肥:黄山书社,1987.

[2]丁剑,汪书贵.皖人轶事[M].合肥:黄山书社,2005.

[3]单霁翔.关于新时期博物馆功能与职能的思考[J].中国博物馆,2010(4).

[4]沙永胜.名人文化研究[J].兰台内外,2001(6).

[5]赵心宪.基于历史认同的"名人文化"概念界定问题——巴渝文化名人研究学术思考之二[J],重庆第二师范学院学报,2016(1).

新时期重庆抗战遗址的保护与开放

——以重庆宋庆龄旧居陈列馆为例

□ 王玉茹①

一、历史与沿革

重庆抗战遗址主要是指在 20 世纪 30 年代中期到 40 年代中期形成的一批文化遗址。其时，重庆为国际反法西斯战争远东指挥部、中国战时大后方的政治中心、中共中央南方局所在地、第二次国共合作的重要舞台、中国民主党派的重要发源地，抗战遗址具有强烈的时代特征，在国际国内具有巨大的影响。

在 1937—1945 年全面抗日战争期间，宋庆龄曾两次来到重庆，并在今重庆宋庆龄旧居遗址生活工作四年多。1940 年 3 月 31 日，宋庆龄在她的两姊妹陪同下首次来到战时陪都重庆，来渝期间，宋庆龄视察各种"合作事业暨救济机关"，特别访问了其时蓬勃发展的"新生活运动促进总会妇女指导委员会"，先后看望收容在重庆儿童保育院的难童，去歌乐山第

---

① 作者系重庆宋庆龄旧居陈列馆（保卫中国同盟总部旧址）馆长，文博副研究馆员。

一儿童保育院看望战争中收容的孤儿,到"伤兵之友"社总医院的第五陆军医院慰问伤兵,用行动实现其团结统一、联合抗战的理想。从《新蜀报》《大公报》《新华日报》《中央日报》等历史档案中可以发现,宋庆龄此行在国内外引起了极大的轰动,被看成是中国团结抗战的象征。

1941 年香港沦陷,同年 12 月 10 日,宋庆龄再次飞往重庆,1942 年春由范庄孔家搬入现两路口新村 5 号寓所。两路口新村 5 号的历史可上溯到 1937 年,当时为留德归国工程师杨能深私宅,后租赁给国民政府外交部,该建筑具有鲜明的德式风格。1942 年 8 月宋庆龄于此重建"保卫中国同盟中央委员会",将总部机构和办公室设于此,随即在该处开展多项重要工作。据史料记载,宋庆龄通过"保卫中国同盟"总部迅速恢复与国外各方面的联系,继续向海外介绍中国抗战的真实情况,组织募集捐款、医药和医疗器材,支援国际和平医院,举办义赛、义演、义展及募捐活动,赈济灾民,救助贫困作家,为中国抗日战争和世界反法西斯战争的最后胜利作出了特殊贡献。1945 年 12 月,宋庆龄离渝返沪,旧址归还于原房主。1949 年中华人民共和国成立,重庆宋庆龄旧居被当时的军委会接收。

二、保护与维护

一个城市所具有的各种文化遗迹通常是不可替代的,文化遗迹如同一个城市的精神和魂魄。而一个地区文化事业的发展,通常是与它的经济发展水平相适应的。在重庆历届市委、市政府的关怀下,重庆宋庆龄旧居成为较早的重庆市级文物保护单位,也是当时重庆市名人故居类中屈指可数的市级文物保护单位。1990 年 8 月,重庆市文化局组织文物专家对重庆宋庆龄旧居做专项鉴定,确定旧居地址为两路口新村 5 号。1991年启动系统保护工作,原住户全部迁出。1992 年,由重庆市政府拨专款对旧址进行了维修复原。1993 年 1 月,为加强专业化的管理和系统的维护,重庆市政府将重庆宋庆龄旧居交重庆市博物馆管理,重庆市博物馆设立正科级宋庆龄旧居陈列馆(简称"宋居"),其时宋居便展开系统文物征集、科学研究、陈列开放、社会教育等工作。1993年4月开始对全社会正常开放,这在重庆市抗战文物遗址中是较早的。重庆直辖后,政府财政投入进一步倾斜,保护力度进一步加大。

2000年,宋居被列入第一批重庆市文物保护单位。2004年至2013年,由重庆市文物局拨专款,两次对旧址围绕屋面、墙面、楼(地)面进行修缮。党的十八大后,根据重庆提出"以实施文物保护工程为主,向全面推进文物博物馆事业发展的转变……"的"三个转变"要求,宋居努力提档升级。2014年,重庆中国三峡博物馆(重庆博物馆)将宋居调整为宋庆龄旧居管理处(正处级)。2014年,国家文物局立项保卫中国同盟总部旧址(重庆宋庆龄旧居)保护规划。2015年,由国家文物局、重庆中国三峡博物馆(重庆博物馆)共同出资,以"保卫中国同盟总部旧址(重庆宋庆龄旧居)"为主题对宋居进行了整体改陈,设立文物资料展厅、复原陈列(总部办公室、警卫室,宋庆龄的卧室、书房、会议室、盥洗间)、防空洞、三维立体成像复原动态展示、观众数字体验中心、观众互动室、互动触摸系统等,对其消防安全、防水环境、电力负荷进行了全面升级改造。通过重庆宋庆龄旧居陈列馆的提档升级、合理利用,"让历史说话",让文物"活"起来,充分发挥名人故居类抗战遗址在传承中华民族传统文明、服务广大社会群众、促进爱国主义教育中的积极作用。

2013年,宋居成功申报第七批全国重点文物保护单位。2015年,又成功被列入全国抗战遗址保护名录、中国宋庆龄基金会"时代小先生计划示范基地"。同时也是全国海峡两岸交流基地、重庆市爱国主义教育基地、重庆市女性素质提升培训现场教学基地。

三、学术与国际交流

宋居一直以来都重视海内外的国际学术交流,曾先后两次承办孙中山宋庆龄纪念地联席会暨国际学术研讨会,其规模和影响力不断扩大,专家及重要来宾明显增加,对外学术交流程度日益频繁。2015 年 11 月,由重庆中国三峡博物馆(重庆博物馆)主办,重庆宋庆龄旧居陈列馆承办了第 27 届孙中山宋庆龄纪念地联席会暨国际学术研讨会,该会议召开的目的在于充分促进业内学术交流,发挥孙宋纪念地的研究和教育职能,回顾宋庆龄的生平事迹,共同探讨孙宋纪念地在新常态下的改革、创新和实践。此次会议邀请美国、日本、新加坡、马来西亚以及中国北京、上海、南京、广州、武汉、香港、台湾等 5 国 11 地 45 个孙宋纪念机构的 100 余位专家代表参加。经特别邀请,孙中山先生直系长曾孙孙国雄及其夫人首次回国参加此类学术会议。与会专家们就"美国地区有关宋庆龄抗战时期档案资料简介""努力拓宽宋庆龄研究新视野""新常态下孙宋纪念地社会教育功能的发挥"等主题进行了热烈的发言,重庆宋庆龄旧居陈列馆的近现代历史研究专家在研讨会上作主题发言。重庆宋居通过此次会议的学术平台开阔研究眼界,交流业内经验,共享信息资源,对于促进宋庆龄和保卫中国同盟的研究、宣传及加快重庆宋居本身的发展,起到了积极的作用。

近几年,宋居在《中国文物报》等业内重要报刊发表多篇学术论文,但研究的广度和深度相对不够,缺乏系统性研究。党的十八大以后,习近平总书记就坚定文化自信、加强文物保护、传承优秀传统文化发表了一系列重要论述,明确指出,文化自信,是"更基础、更广泛、更深厚"的自信。在这一背景下,重庆中国三峡博物馆(重庆博物馆)不断加大力度推进宋居的研究工作,与重庆中国三峡博物馆抗战研究所合作开展 2015 年度重庆市社会科学规划特别委托项目"抗战时期的保卫中国同盟研究——以重庆为中心的考察"。

四、公众服务和社会教育

宋居自 1993 年对外开放后，接待社会各界人士达数百万人，其中包括党和国家领导人、港澳台同胞等知名人士。党的十八大以来，参观人数不断攀升，2015 年的参观人数近 10 万人次，2016 年国庆"黄金周"参观人数创新高，7 天参观人数破万人次。不断优化社会服务，提供全年免费讲解服务，设立休息座椅，提供免费饮用水、急救药箱、宋居宣传册等。

"教育是当代博物馆功能的核心。"随着我国综合实力的快速提升和人民群众精神文化生活需求的日益多样化，中国博物馆的教育面貌正在发生着根本性的改变。为使博物馆所收藏、研究、展示的民族文化遗产资源得以多渠道、多层次、多形式地为社会公众所共享，为了让宋庆龄的爱国主义精神得到更好的传承，宋居在继续保持原先开展群众性参观、拜谒和纪念活动等传统的同时，锐意进取，按照"主题化、系统化、持续化"的社会教育理念的指导，开展多项工作，打造知名社会教育品牌。特别是与中国宋庆龄基金会对接，经过评审，被列为中国宋庆龄基金会"时代小先生计划示范基地"。"小先生制"理念和实践是近代中国教育史上的重要事件，20 世纪 40 年代，著名教育家陶行知提出"小先生制"。这种即知即传、即学即用的教育模式经过宋庆龄的大力推广，取得了显著效果。"时代小先生"是在宋庆龄亲自组织开展的"小先生"及其丰富思想内涵的基础上衍生出来的，融入了宋庆龄"从小培养民主意识、国家主人翁意识和社会责任感的教育思想"，创新德育形式，丰富德育内容，不断提高德育工作的吸收力和感染力，增强德育工作的针对性和实效性。这是新时代人才培养模式多样化和个性化的一种有益尝试和探索。"时代小先生"在服务社会之余，能获得品德的培育、交际能力的提升，更能发掘出自身的领导力和组织力。根据"小先生"的教育内涵和思想，遵照当代社会教育发展需要，按照"主题化、系统化、持续化"的社会教育理念，创"时代小先生示范基地"共建学校 2 所,"时代小先生计划示范班"1 个;开设"时代小先生"免费培训班 2 期,培训学生近百人;以个人名义来馆的"时代小先生"服务者 29 名,高校志愿者 20 名。"时代小先生"岳鹏举荣获中国宋庆龄基金会授予的 2015—2016 年度"全国十佳时代小先生"荣誉称号,另有 4 位荣获"优秀时代小先生"称号。在第 27 届孙中山宋庆龄纪念地联席会暨国际学术研讨会上,时代小先生们用稚嫩的童音"讲好中国故事,传播好中国声音",与代表们互动,得到了海内外代表的一致赞誉。

"博物馆不在于拥有什么,而在于它以其有用的资源做了什么。"宋居在开展各项活动中,针对博物馆对未成年的教育策略,体验从以"教"为中心向以"学"为中心转换。在开展"时代小先生"活动中,首先启动广泛宣传,自愿报名,系统培训,才艺特长展示等,让孩子们从老师处学,再到互帮互助。让他们懂得:要当"先生",就得先学一步,知识渊博才能当先生,才会受到尊重;要当"先生",得善于把知识传授给别人,要有耐心,诲人不倦;要当"先生",必须敢于领先,去创新、去创造。通过这样的活动,孩子变得勇敢了,团结意识增强了,学习也更加积极努力了,达到了"时代小先生计划示范基地"的初步效果。

宋居建馆 23 年来,始终按照"切实加大文物保护力度、推进文物合理适度利用"精神,全力"加强抗战设施、遗址的保护管理,广泛开展群众性参观、拜谒和纪念活动"。重庆宋庆龄旧居陈列馆在新时期的保护和开放探索,从一个特别的角度反映出重庆曾作为抗战期间国民政府陪都、第二次国共合作重要舞台、世界反法西斯战争远东指挥中心的历史地位,是对广大人民群众进行爱国主义教育的优秀的"教科书",彰显了重庆作为中国历史文化名城的显著地位和突出作用。

参考文献

[1]姜华宣.宋庆龄一生[M].北京:中共党史出版社,2015.

[2]陈廷一.宋庆龄全传[M].北京:中国社会出版社,2014.

[3]中共重庆市委党史研究室.宋庆龄在重庆[M].北京:中共党史出版社,2016.

[4]邹嘉骊.别样的家书——宋庆龄、沈粹缜往来书信集[M].上海:上海人民出版社,2015.

[5]陈廷一.宋氏三姐妹[M].青岛:青岛出版社,2015.

[6]陈冠任.宋庆龄大传[M].北京:团结出版社,2003.

[7]守护历史文脉 完成三个转变——我市近年文物工作成果回顾[N].重庆日报,2016-7-18(005).

[8]王玉茹.让宋庆龄旧居"活"起来[N].中国文物报,2016-1-12(003).

[9]重庆市国民经济和社会发展第十三个五年规划纲要[Z].重庆市人民政府,2016.

徐州名人馆陈列
设计多元化浅析

□程　程①

　　博物馆的陈列设计多元化，是指多种展示元素的组合，如景观、空间等的组合。多元化的展示方式，不仅可以丰富展示理念，同时也可以为展示效果增加活力。一个现代化的博物馆、文化馆，既要在功能上符合社会文化发展的多种需要，也要提升观众的参观兴趣和满足观众的审美需求。因此，陈列设计理念必须以人为本，发挥更大的艺术创造空间，谋求与观众达到最大的共鸣。在经济全球化高度发展的今天，博物馆也衍生出了更为鲜明的设计理念。其中，博物馆多元化的设计思路已经开始被更多人接受，"散射式"的布局风格也开始在博物馆设计中发挥着越来越重要的作用。徐州名人馆是"十二五"期间江苏省徐州市的重点工程之一，布展由徐州市规划局负责完成。我们在徐州名人馆陈列中开始尝试性地运用新的思维模式，并收到了较好的效果。本文针对徐州名人馆陈列设计多元化创作思维进行探讨，以期为同人提供一些实际经验。

---

①　作者系徐州名人馆（徐州市规划馆）馆长。

一、多元化的艺术组合

现代博物馆陈列设计离不开多元化的艺术表现，我们认为，将这种表现风格以组合形式来说明更为恰当直接。抽象意义的多元组合包括风格组合、空间组合等等；直观意义的多元组合包括文化组合、科技手段组合等等。设计者完全可以通过自己的设计思路、设计观念来完成这一陈列方式。但是，要突破传统的一元化思维，就必须突出鲜明的主题，强化各种表现形式并融合在展示创造中。这也是前文所提及的"散射式"布局风格。

徐州名人馆在建筑形式上以"汉阙"突出浓郁的地方特色。馆内的陈列设计特点主要表现在两个方面：一是构思上的多元化，二是表现力上的特色化。本文对徐州名人馆这两方面的陈列思路和特点，进行初步分析。

二、多元化设计在徐州名人馆中的初步运用

徐州名人馆以名人及其事迹为坐标，以两汉文化、中华人文精神为轴线，展现时代，表现历史，反映徐州在中华历史及文化发展中的作用与地位。以"大"为策划定位，用大背景、大概念、大气势打动人心。用现代手法和今人的思维解读历史名人及其事迹成就，表现他们对中国历史的深刻影响，挖掘其精神内涵，传递人文气息、文化品格。

1.景观组合

景观组合展示的目的，是要在有限的空间内，尽可能表达出展示场景的主题，在提高观众审美兴趣的同时，主动引领观众。

徐州名人馆建筑面积约 3000 平方米，展陈面积约 2700 平方米。面积虽小，但陈展内容丰富生动，以"大"为第一要素做足文章，彰显"大徐州""古徐州"赫赫历史地位，通过名人风采表达徐州历史之美、文化之盛。

例如，在形象厅四周，我们选取了徐州古地图，打造了目前国内最大

的古地图大型艺术浮雕《徐州山水胜景图》。该图全长 59.6 米,高 3.3 米,采用散点透视的立体表现手法,融合中国传统山水画、民间版画及泥塑的艺术表现形式,充分表现了徐州的山灵水秀。在展厅中央,我们制作了一个仿真的考古现场,展示了近 600 个汉兵马俑,带给观众"一方水土养育一方人物"的直观感受。整个景观组合突出了主题——"徐州名人土生土长"。

2.文化组合

文化组合是在展示内容中加入与之有联系,但又可独立于展示的元素作为搭配。徐州名人馆围绕 50 余位徐州籍名人名士的事迹成就陈展,文字和图片是陈列展示的主要形式。然而,这样的展示形式已无法满足观众的心理需要。因此,徐州名人馆必须延伸静态"图片式"的展示理念。

"黄河水、传文明"作为徐州名人馆古代篇的参观主线,引领着观众由先秦到两汉再到唐宋元明清。在汉王朝展厅,为避免陈展内容流于单纯的人物介绍,我们设计了"两汉文化历史墙"搭配展出,围绕两汉时期政治、经济、文化、科技等领域的突出成就,着力呈现汉王朝对中国、中华民族乃至世界的深远影响,并从侧面烘托出诸多徐州名人的巨大贡献。同时,还配有大量的多媒体机等互动项目,使陈展内容丰富度大大提高。

从设计的角度考虑,利用艺术手法来表现展示元素,可以很好地拓展展示平台,提升整体的展示效果,并能有效避免展示效果平淡化,迎合观众对展厅环境多样化的心理需求。但在展示主题方面,必须注意要恰如其分地嵌入能够与之相互映照的配套展示内容。

3.空间组合

空间应用在许多博物馆陈列展示中都有体现,最常被提到的是空间布局的紧密性,但这仅仅是空间组合的一个方面。空间组合不仅要求展示的直观效果的饱和度,还要满足观众心理空间的饱和度。让观众有意无意地与展示对话,产生空间想象感,才能获得空间组合的良好效果。因此,对空间的实际要求,还需要从观众心理角度来考虑。

徐州名人馆汉王朝展厅陈展内容有所延伸,但仍不能满足观众参与其中获取知识的心理需求。对此,我们加深了对汉王朝展厅陈展内容的挖掘,通过观众参与体验,填补观众心理空间的缺口。我们将汉王朝展厅设计成一个巨大的象棋棋盘,通过仿真象棋生动再现了"楚汉相争"隔河对峙的历史场景,与动态军事地图、名人塑像等互为呼应。立体化表现汉王朝的创建史,更加突出了以刘邦为代表的汉初豪杰们的英勇风姿。这些棋子除了是表现楚汉相争的重要组成元素,还具有一个重要的功能——多媒体查询屏。观众可以根据自己的兴趣爱好来点击观看有关楚汉相争的影视作品,还可以参与游戏和知识问答等活动,极大地提高了参观的趣味性。另外,动态的军事地图具有很强的立体感,呈现出那段风云变幻的历史,使观众又"回到"楚汉相争的战场上。

目前,空间组合在许多博物馆中都有应用,如数字虚拟、3D投影等先进设备的投入,使陈展内容既达到展示的直观效果,又满足了观众的心理需求。

三、多元化设计与特色文化相结合

博物馆陈列艺术设计应体现时代精神,满足各层次、多方面的需求,符合社会主义精神文明建设的需要。随着时代发展,陈列设计在形式上也不断更新变化,设计观念也开始更多地注重参观者对信息的接受程度以及审美需求。

徐州籍帝王是徐州名人馆一大特色。在两千多年的封建王朝史中,众多徐州籍的皇帝尤为引人瞩目,他们在历史舞台上相继扮演着重要角色。徐州被誉为"龙飞地""帝王之乡"。为此,徐州名人馆专门布展了全国独一无二的主题展厅——帝王厅,这也是整个名人馆的陈列亮点。在展厅中央,我们设计了特别的场景,利用国内多媒体展示领域较为少见的幻影成像技术，展示了多个接近真人大小的人物影像，逼真地再现了徐州作为"千古龙飞地，一代帝王乡"的胜境。在雄浑的音乐中，大臣或宫女簇拥着 10 位徐州籍开国皇帝逐一登上宝座，一展帝王雄姿。

做特色展示的时候，我们没有太多的修饰，除了运用幻影成像技术外，仅仅采用灯光和 10 位徐州籍开国皇帝的形象，让观众通过观其历史形象，读其主要功绩，感受他们独特的人格魅力。这样的特色展示能给观众带来视觉上的冲击、心理上的震撼。

四、徐州名人馆多元化设计的启示

我们以徐州名人馆为例，对其中个别展厅的陈列设计进行讨论，主要是为了说明多元化组合风格与特色展示手段的构思。随着我国博物馆事业的迅速发展，陈列模式将会越来越灵活，风格也会越来越个性化，更多的新鲜元素将会加入到博物馆陈列设计中。作为博物馆的设计者和管理者，必须掌握最新的主流设计渠道，加强自身的文化修养，积极运用各种思维方式，来展示展览所要表达的意图，满足现代大众求新求异的心理需求。

正如做一道美食，我们主张选取适量符合大众口味的作料，研究自己的特色菜式。只要菜式能获得大众的认可，就是一道真正的好菜。

参考文献

董松.博物馆陈列艺术设计中的创造性思维[J].中国博物馆，2007(3).

试论中小型名人故旧居纪念馆陈列布展

——以重庆郭沫若纪念馆展陈升级为例

□ 郭小智①

　　名人故旧居一般指历史上名人的出生地及祖居老宅,在重要的人生阶段或取得重要人生成就时的暂居地,长期工作或生活过的建筑住宅。由于其曾经的居住者在历史上享有一定或较高知名度,对国家、民族、人民作出过重要历史贡献或产生过重大历史影响,因而名人故旧居作为见证历史事件、传承历史记忆、延续地域文脉的重要载体,成为珍贵的历史文化遗产。目前,在我国经济持续增长,人民对旅游、教育、文化需求不断增加的背景下,名人故旧居的历史纪念意义、社会教育意义及文化旅游价值日益凸显。本文试图从名人故旧居类纪念馆陈列布展现状和存在的问题出发,并以重庆郭沫若纪念馆展陈升级为例,对国内中小型名人故旧居纪念馆陈列布展进行探索。

---

① 作者系重庆市沙坪坝区博物馆馆长。

一、名人故旧居类纪念馆陈列布展概况

（一）名人故旧居类纪念馆陈列布展现状

目前国内名人故旧居种类繁多、风格各异，具有数量多、类型广、分布不均的特点，且由于保护资金不足、建筑产权复杂、建筑破坏严重等各类难点，对名人故旧居的保护利用工作水平参差不齐。总体看来，名人故旧居的用途可分为以下四种形式：一是建成博物馆、纪念馆；二是建筑供政府机关、部队、企事业单位等使用；三是建筑被开发为旅游服务设施；四是建筑为民宅。上述第一种为目前最普遍、最被认可的方式，故本文重点对已建成或拟建成博物馆、纪念馆并已经或准备对公众开放的名人故旧居的陈列布展情况进行分析和探讨。

1.大型名人故旧居纪念馆

为更好地保护并合理利用文物，大型名人故旧居纪念馆，如陈毅纪念馆、朱德纪念馆、邓小平纪念馆等，一般采取"故旧居＋新建纪念馆"的模式，原样保存名人故旧居建筑物，室内采取复原陈列形式，将用具陈设依照名人使用时原样摆设，最大程度地还原、展现名人当时的工作和生活场景。同时，在故旧居附近新建博物馆、纪念馆，采取现代博物馆布展模式，运用多媒体声光电技术，形式多样地向观众呈现展览内容。此类纪念馆通常包括现代博物馆和故旧居建筑两部分。以位于四川省广安市的邓小平故里纪念园为例，纪念园内有邓小平故居陈列馆、邓小平缅怀馆和邓小平铜像广场等约 20 处纪念场所。其中，邓小平故居陈列馆建筑面积为 3800 平方米，以大量实物、图片、文字等资料以及数字电影等多媒体设施，展现了邓小平的一生。

2.中小型名人故旧居纪念馆

中小型名人故旧居纪念馆由于受资金不足、场地有限等因素限制，多采用对故旧居建筑进行综合利用的模式，直接将故旧居建筑作为博物馆、纪念馆，以复原陈列或"复原陈列＋人物生平展"的形式进行陈列布展。

如重庆郭沫若纪念馆、冯玉祥纪念馆、张治中纪念馆,均为此类依托故旧居建筑进行陈列布展的纪念馆。

（二）名人故旧居类纪念馆陈列布展存在的问题

大型名人故旧居纪念馆所采取的"故旧居＋新建纪念馆"模式,能在较好地保护文物本体的同时,满足现代博物馆布展需要。不过,此类纪念馆数量远少于中小型名人故旧居纪念馆。在重庆,仅有刘伯承同志纪念馆、聂荣臻元帅陈列馆和赵世炎烈士纪念馆 3 处大型名人故旧居纪念馆,而中小型名人故旧居则有 200 余处。中小型名人故旧居类纪念馆的展览,多为年谱式的人物生平展,因政策法规制约、文物建筑空间格局限制、管理单位能力及认识局限等因素,此类纪念馆的展览形式单一、展览内容僵化,缺乏吸引力和互动性。在经济社会及旅游业发展日新月异的形势下,这种名人故旧居纪念馆陈列布展形式显得千篇一律、枯燥无味,已无法满足当今观众的需求,亟需探索新的展陈理念。

二、重庆郭沫若纪念馆陈列布展探索

（一）重庆郭沫若纪念馆概况

重庆郭沫若纪念馆位于重庆市沙坪坝区西永街道香蕉园村全家院子,占地面积 10190 平方米,系依托国民政府军事委员会政治部第三厅（后文简称"第三厅"）暨文化工作委员会（后文简称"文工会"）旧址打造而成的免费对外开放的专题类遗址纪念馆。旧址建筑为一处清晚期四合院,穿斗结构,建筑面积 1566 平方米。抗战时期,国民政府军事委员会政治部第三厅暨文化工作委员会在全家院子设立乡间办事处,时任第三厅厅长、文工会主任的郭沫若先生曾在此地办公、居住。中华人民共和国成立后,该旧址一直作为集体农场使用。2005 年 9 月,纪念馆建成并对外开放。2015 年 11 月,为满足当今的参观需求,纪念馆展陈升级顺利完成并对外免费开放,产生了极大的社会效益。纪念馆现为全国重点文物保护单位、国家 AAA 级旅游景区、重庆市爱国主义教育基地。

（二）对纪念馆展陈升级的探索

2005 年，重庆郭沫若纪念馆建成，历经 10 年免费对外开放，原有展览出现了诸多亟待解决的问题，已不能满足目前日常陈列开放需求。首先，因受文物建筑房间格局限制，展线陈旧且不流畅贯通，如遇集体参观，将出现不安全因素。其次，展厅房间进深长、开间小的现状，造成展览形式单一，且无多样化的展示设施。

针对以上问题，此次展陈升级结合纪念馆实际情况，在展线规划、文物保护措施、人性化设计、陈列结构上大胆创新，以不改变文物本体结构为原则，科学论证可行性，使各展室之间展线贯通、流畅。这在国内同类型博物馆、纪念馆布展中尚属首例。

1.结构设计

（1）贯穿式展线

全家院子为川渝传统四合院式民居，采用穿斗式构架，每间房屋面阔较小，房屋间无通道，仅可从前侧进出，造成原陈列的各个展厅相对并排独立，观众参观时需不停地进出各个房间，缺乏良好的参观体验，且易造成观众回流。此次展陈升级在不破坏原有柱、梁、门、窗结构的前提下，通过移除部分轻质板墙，并充分利用原过道结构进行造景，营造出一条贯穿四合院的流畅展线，确保参观人群的良好参观体验。

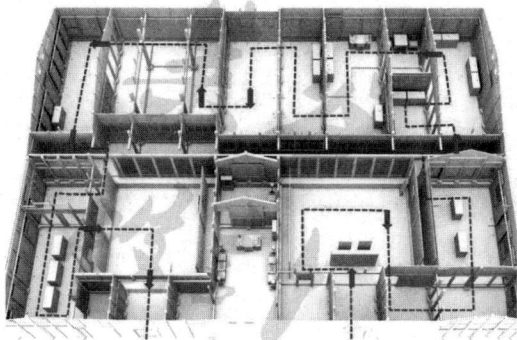

主展线长：320 米

新展线规划

人性化细节设计——除展线规划外，此次展陈升级从"以人为本"理念出发，在灯光效果营造、展板高度、字体及文字大小等细节处，为观众营造舒适且人性化的参观体验。原文物建筑具有传统建筑门槛较高的特点，故通过增设可拆卸的青石材质门槛梯级，在不破坏文物本体的同时，为观众提供便利，消除安全隐患。

创新性文物保护措施——将文物保护理念贯穿于展陈升级工程始终，运用相应的建筑理念及工艺，所有文物保护及展览设施的布设均为可逆工程，不破坏、不依附、不改变文物本体建筑原有结构，确保可拆除并恢复的效果。

由于有较多史实资料展出，需要较长展墙，为确保不遮挡原建筑门窗等结构，故又选取部分透明亚克力材质的材料制作展墙。

透明亚克力板展墙

原文物建筑历经百年风雨，天井侧墙面及柱、梁、门、窗木结构均出现腐蚀、风化现象，故通过在天井设计钢结构镀膜玻璃幕墙，在天井青石过道铺设玻璃地台的方式，防止日晒雨淋进一步对文物建筑造成破坏。玻璃幕墙及地台为独立自承重结构，具体施工中，采用方形钢板基脚增大幕墙底部受力面积，增加不同角度幕墙面的连接性钢结构，实现独立自承重，避免附着文物建筑柱、梁、墙受力，并以菠萝格防腐木对所有钢结构进行遮盖，使之融入展厅整体氛围。

此外，展陈升级将文物建筑双天井分别用作序厅及尾厅，并分别新增一面形象展墙，采用钢架龙骨结构，并在展墙底部增加混凝土基座配重，确保形象展墙的稳定性，同时避免在地面开孔固定等破坏性装修。

序厅天井玻璃幕墙及形象展墙

（2）多媒体声光电技术的应用

展陈升级结合文物建筑实际情况增设了公共广播系统、虚拟讲解及幻影成像等多媒体展示设施，在原有展览基础上极大地丰富了展陈方式，加强了宣传展示力度，提升了观众参观体验效果。展厅内共设两处虚拟讲解，通过自动感应技术为观众实时播放讲解内容；幻影成像则配合展览图文资料，选取了话剧《屈原》中《雷电颂》的经典片段予以呈现。抗战时期，郭沫若先生寓居重庆期间创作完成了戏剧代表作《屈原》，并在重庆成功上演。现在，重庆郭沫若纪念馆通过幻影成像技术，以生动直观的形式向观众展现这一戏剧的片段。

虚拟讲解

幻影成像

2.陈列内容

重庆郭沫若纪念馆展陈升级，一改国内名人故旧居纪念馆布展多以人物生平为主线的惯例，深入挖掘抗战时期郭沫若先生及第三厅、文工会在重庆开展工作的历史，紧扣地域文化及特色，形成了题为"笔战是枪战的前驱，也是枪战的后盾——郭沫若与'三厅'和'文工会'在重庆"的常设展览。该展览在原有展览基础上极大地丰富了相关史料，展示了在抗战时期的重庆，以郭沫若先生为首的第三厅、文工会及其领导和团结的文化团体开展抗日文化宣传的历史经过，以及郭沫若先生在重庆的工作、生活、创作经历，反映出以郭沫若先生为代表的文化人士不但为抗战胜利作出了不可磨灭的贡献，也在中国文化史上留下了一页辉煌篇章。该展览与文物建筑、周边环境作为一个有机整体，将文物本体及其历史人文内涵有机结合，组成一处特色鲜明的专题类抗战名人旧居纪念馆。

本文以重庆郭沫若纪念馆展陈升级为例，探索国内中小型名人故旧居类纪念馆陈列布展新模式，希望能抛砖引玉，引发更多关于保护、合理利用开发名人故旧居的思考与探索，以期在我国GDP不断攀升、文化旅游产业蓬勃发展的今天，更好地发挥名人故旧居的社会教育价值和文化旅游价值。

从历史到当下
从馆舍到社会

——以苏州市名人馆为例谈名人馆公共教育实践与探索

□ 钱轶颖　陈伊功①

近年来，一批综合性地方名人馆在全国各地文化建设中涌现出来。与传统常见的单一名人的故居纪念馆或同领域多位名人集合的纪念馆不同的是，这些场馆对所在地行政区划内各领域的代表性历代名人进行深入发掘，并集中进行展示、宣传和研究，承担着梳理当地名人文化资源、传承文脉，提升所在地文化品位和文化竞争力、影响力的社会责任。如 2007 年建成开放的重庆历史名人馆、2009 年建成的安徽名人馆、荆州名人馆，2011 年、2012 年相继建成开馆的徐州名人馆、苏州市名人馆，以及正在建设中的金华名人馆、甪直名人馆，等等。

地方名人馆这一模式在国内城市文化建设中尚属创新举措。从目前来看，此类名人馆通常隶属于文博、规划、档案等不同部门，但其实际工作开展基本围绕着名人相关功绩、精神风范的陈列展示，相关文物的征集收

① 第一作者钱轶颖系苏州市公共文化中心副主任、苏州市名人馆副馆长，第二作者陈伊功系苏州市名人馆助理馆员。

藏,科学研究和公共教育,与博物馆的基本职能有相似之处,本质上属于博物馆的一种类型,可借鉴博物馆的发展模式。就其公共教育、公共传播工作来看,名人馆相较于传统"以物说话"的博物馆而言,更有其资源条件和现实需要的特殊性。本文将对苏州市名人馆建成开放近五年的工作开展,尤其是对大量公共教育活动案例实践进行分析、归纳,希望能为各地名人馆的发展及其公共教育活动的开展提供有益的参考。

一、博物馆的公共教育职能愈加受重视

20 世纪 40 年代中期以来,全球范围内越来越多的博物馆开始认识到公共教育的重要性,其公共服务意识逐渐增强,"教育"和"为公众服务"成为博物馆的重要工作,"收藏"成为实现这一目标的方式和手段。随着博物馆免费开放、观众参观的需求日益旺盛,以及对博物馆社会角色认识的不断深化,博物馆的公共教育、服务职能得到了广泛关注和重视。2015 年 3 月 2 日,国务院颁布的《博物馆条例》中,将"教育"列为博物馆各项功能之首,并明确要"利用博物馆资源开展教育教学、社会实践活动"[1]。

综合性地方名人馆在博物馆行业内具有特殊的定位,有其专业性,同时也有一定的局限性。相较于具有悠久历史的地方历史综合性博物馆,名人馆在藏品的丰富性、馆舍的体量等硬件方面都难以望其项背,但名人馆亦有其资源优势,即所展示、研究的对象是历史上具体而生动的名人,由此形成的工作手段、内容及维度有着极大的可塑性,尤其是在公共教育活动的策划实施中可发挥优势。正如美国博物馆学家古德(G.B.Good)所言:"博物馆不在于它拥有什么,而在于它以其有用的资源做了什么。"[2]在公共教育活动的策划中,名人馆立足于既有资源,服务公众、服务社会。这是探索的目标,也是工作的核心原则。

二、苏州市名人馆公共教育工作的实践与探索

(一)苏州名人文化资源利用概况

苏州作为享誉国内外的历史文化名城,在两千五百多年悠久历史中不仅以山水清嘉、农桑丰稔著称,更有一代代名家贤士,灿若星辰。正是这些醒目的名字赋予了苏州名人文化深厚的历史底蕴,而面对更长远的未来,我们不仅需要铭记历代名人,传承文脉,更要深入发掘名人文化,以名人身上凝聚的文化精神支撑苏州现代城市精神,引领苏州未来的前进之路。

苏州尊奉地方名贤的传统由来已久,古言:"吴郡代有名贤,游宦至是邦者亦多杰出之士。"[3]早在宋代绍兴年间,吴郡地方就建有瞻仪堂,清代道光年间在沧浪亭内初创五百名贤祠。如今,关于名人的纪念馆或者尚有留存的名人故居遍布于苏州的各个地区,共计一百二十余处。其中有故居保存情况较好、体量较大者,建为纪念馆或设置陈列室向公众开放,对名人生平成就作专题性介绍;有些建筑被列为控保单位,不对外开放,但也多放置说明指示牌,对名人故居情况作简介;有些已作为民居,仅在门口处简要标识。

不论开放、保护情况如何,对苏州名人的纪念在地方范围内已形成共识,而各类纪念场所的宗旨也相一致。为了更好地对苏州历代名人进行集中性展示,让苏州本地市民充分了解这片沃土的英才人杰,为外地友人提供一个全面深入了解苏州人文风景的窗口,经中共苏州市委宣传部和社科联集中广大学者专家历时3年遴选梳理出苏州名人录,又用两年多的时间建设布展工程,苏州市名人馆于2012年4月建成开放。开馆近五年来,苏州市名人馆深受社会各界赞誉,馆内高科技、多媒体展示手段和丰富的展陈内容紧密结合,为观众打造了新颖生动的观展体验,共接待观众30余万人次。同时,苏州市名人馆加强名人资料藏品征集、展览等工

作,2015 年、2016 年突破性地举办了 3 个特展,征集、展览、研究、开放服务等业务工作全面开展。

我们认为,苏州市名人馆所肩负的使命不仅是以 1500 平方米的展厅浓缩式地展示苏州历代名人共计 448 人,更要立足于现有条件,在苏州城市的发展中,让这 400 余位名人从历史走到当下,从馆舍走向社会,带着生动的人物故事和不朽的业绩与精神来到人们身边,走进人们心里。为此,苏州市名人馆以"走近名人·放飞梦想""观名人·知历史"等为主题,策划实施了 200 多场公共教育活动,尝试以各种方式诠释苏州历代名人身上凝聚的文化精神,助力苏州现代城市精神的发展。

(二)苏州市名人馆公共教育活动实践

苏州市名人馆开展的 200 多场公共教育活动以"走近名人·放飞梦想""观名人·知历史"等为主题,成体系的专题活动有"苏州教育名人"、"名城·名人"讲座及巡展、"牵手名人"展馆探索体验、"与院士对话"活动等。在融入和参与社会发展的努力中,苏州市名人馆立足本馆资源,按需策划,充分与学校、社区及企业合作,以受欢迎的活动形式将苏州名人精神传播到社会不同层面。

在活动内容上,苏州市名人馆策划实施的活动注意结合本馆藏品、当年特展和时事热点。如 2013 年,苏州市名人馆征集到俞樾的《曲园墨戏》清光绪刻本一册,工作人员从书画一理中得到启发,将书中具体生动的图案运用到公共教育活动中,设置谜面、谜底,将知识性和趣味性相结合,以文字游戏的形式寓教于乐,引导人们了解汉字的起源和书法艺术的发展。"有趣的汉字与《曲园墨戏》"专题活动推出后,仅在 2014 年暑假两个月内便在馆内和社区举办了 13 场,近 500 名学生参加,大受欢迎。2015 年,中国人民抗日战争暨世界反法西斯战争胜利 70 周年之际,苏州市名人馆推出两大特展"正义的使者——倪征澳史料展""中国的美国英雄——罗伯特·麦考利·肖特史料展"。针对这两个特展,苏州市名人馆策划了不同形式的配套公共教育活动。为倪征噢史料展特意制作了一批"倪版"的"牵手名人"探秘卡,将倪征噢的故事、法学小知识、珍贵的展品与趣味题目融合在一起,让孩子们在观展中根据探秘卡主动去了解法学家倪征噢在东京审判中捍卫国家与民族尊严的事迹。特展前夕,探秘卡发放到各共建学校,共有 2000 余位学生观众来馆参观并完成了探秘卡体验活动。"中国的美国英雄——罗伯特·麦考利·肖特史料展"开展期间,名人馆走进苏州市振华中学,开展了为期一个月的以抗战英烈——肖特为主题的小微课程。面对初中生群体,四堂课分别以专家讲座、肖特牺牲地实地走访、主题班会讨论等不同形式开展,让今天这些生活在和平环境下的中学生们走近80 多年前为人类和平与正义而战、牺牲在苏州的抗日英烈——牺牲时年仅 28 岁的美国飞行员肖特。

在活动对象上,苏州市名人馆不仅以全苏州市的青少年群体为重点,更针对苏州外来人口众多的城市发展特点,走进外来人员集中的学校、社区、企业开展活动。发挥名人文化的魅力,以名人文化提升城市的向心力,服务社会发展、城市建设。开馆以来,青少年观众群体成为苏州市名人馆的服务重点。名人馆主动走进学校,目前已与 20 余所学校共建,成为它们的校外活动基地。在学期中,苏州市名人馆的公共教育工作人员带着讲座和巡展走进学校。寒暑假前,提前将活动信息预告折页发放到学校,方便孩子们假期里和父母朋友自助前来。2014 年起,苏州市名人馆成为苏州市文明办首批"未成年人社会实践基地"之一,来馆观众中,学生的比例高达 60% 以上。此外,针对外来务工人员子女"小候鸟"群体和苏州外来人员集中的企业,苏州市名人馆策划的"名城·名人"活动常年开展,受到欢迎。如 2014 年"三八"妇女节前夕,名人馆走进"新苏州人"集中的苏州胜利精密制造科技股份有限公司,为女员工们介绍了苏州历史上杰出的女性名人和活跃在科研一线的苏州籍女院士们。王谢长达、俞庆棠、费达生、吴健雄等苏州杰出女性的事迹感染了大家,人文关怀有效地拉近了大家与苏州这座名城的距离。

在活动组织上,苏州市名人馆加大力度寻找与社会力量合作、共同发展的机会。不仅与全市行业内纪念馆、名人故居联合,更迈开脚步探索与业外公共文化机构、社会团体开展协作。2014年4月,在开馆两周年之际,苏州市名人馆与常熟名人馆、翁同龢纪念馆、太仓名人馆、吴健雄陈列馆、柳亚子纪念馆、费孝通江村纪念馆签订《苏州名人馆联盟合作协议书》。联盟的成立,是基于各兄弟名人纪念馆有着共同的加强馆际联动、共享名人资源、形成文化合力的美好愿景。事实证明,联盟成立后,各馆在宣传推广、业务研究、展览策划等各个方面取长补短,有了更多的机会和发展。在公共教育工作中,苏州市名人馆与太仓名人馆、吴健雄陈列馆联手,在内容策划、展品演示、现场讲解等工作中发挥各自优势,推出"少女传奇——吴健雄"观影及讲座活动。该活动在2014年10月走进苏州市平江实验学校、苏州市大儒菉葭中心小学等学校,举办了4场,有近千名学生参加。动画片、实物展品与讲座相结合的方式,生动地为孩子们展现了吴健雄这位杰出物理学家在家乡浏河的成长故事。3所名人馆的合作,避免了单个馆在资料和人手上的局限,在资源互补、通力协作中提升了活动质量,强化了名人宣传力度,收到了热烈的社会反响。2016年,苏州市名人馆不仅携手共建单位大中小学校18所,更与张家港图书馆、常熟图书馆等5所公共文化机构以及2家企业联合举办了"品苏——首届苏州名人名篇网络诵读大赛"。协办单位、支持单位在活动中的多层面多维度,确保了活动参与人群的广泛性和活动积极有效的社会影响力,是活动成功举办的重要因素。历时半年的大赛中,有3000多名选手报名参赛,140多万人次参与网络投票,500多万人次关注浏览了此次活动。

三、面对当下及未来,名人馆公共教育工作的思考

早在1880年,美国学者詹金斯在《博物馆之功能》一书中就明确指

出:博物馆应成为普通人的教育场所。1906 年美国博物馆协会成立时宣言"博物馆应成为民众的大学"。1990 年,美国博物馆协会在解释博物馆的定义时,将"教育"与"为公众服务"并列视为博物馆的核心要素。[4]2008年起,国内众多博物馆、纪念馆在实施免费开放的过程中,愈加重视公共教育工作,加大力度提升教育和为公众服务的能力。

苏州市名人馆建成开放近五年,在公共教育工作中通过大量的活动策划实施,不断摸索、积累心得,一些做法和想法仅具端倪。但在各文化场馆普遍面临的社会化发展考验中,苏州市名人馆将以下对名人馆开展公共教育工作的所想所思,与同行相切磋,以期抛砖引玉,共谋发展。

(一)转变服务理念,紧扣需求策划活动,实现可持续常态发展

新的时代条件下,名人馆将当地丰富的历史名人文化资源转化为育人资源,关键因素之一,就是服务理念上必须摒弃单方的"给予""付出"。时移世易,在当前经济、社会快速发展的形势下,人们的文化品位、审美需求不断提升,名人馆公共教育活动策划人员必须对此有敏锐的意识。一方面要从宏观上把握社会发展形势和公众关注热点,另一方面在微观上要注意与具体服务对象群体沟通,了解其需求。工作人员必须走出场馆,听取学生、家长、学校、社区、企业的所想所需,避免由于未真正了解服务对象的特点和需求,造成开展的一些公共教育活动实效不佳、流于形式,甚至被婉拒的境况。

2015 年,抗战胜利 70 周年之际,苏州市名人馆在"中国的美国英雄——罗伯特·麦考利·肖特史料展"期间,根据不同年龄层次学生的特点,设计推出了两套公共教育活动,分别是适合中学生的集讲座、走访、讨论多种形式为一体的小微课程和面向小学生的"我心目中的英雄"听故事画笔绘英雄活动。两套活动各有侧重,成效显著。苏州市名人馆在与学校共建结对和频繁的工作交流中发现,目前各校对学生的社会实践教育普遍较重视,关键是馆方能提供什么样适时且有质量的项目。为此,配合

学校在学期中设置的科普、传统文化、爱国主义宣传月等不同主题,苏州市名人馆同步推出了苏州院士、名家名作、爱国英雄等专题名人讲座和活动。其中,每年9月1日开学之际,苏州市名人馆"苏州教育名人"讲座已成为各校新学年和教师节的开学礼,连续多年开展,成为受欢迎的品牌活动。除了学校这一重点对象外,针对社区、企业以及社会不同人群,只要通过充分调研找到服务对象和本馆资源的契合点,必定能实现公共教育活动的可持续常态发展。

(二)调整工作思路,重视公共教育活动对名人馆整体功能提升的作用

长期以来,我国多数博物馆、纪念馆都有以"收藏、研究"为首要职能的思维定式,认为公共教育不过是"装点门面",被动、低水平地应付公共教育任务,与收藏、研究职能脱节。事实上,成功的公共教育活动正是对专业人员收藏、研究学术成果的创造性转化,是博物馆的主要功能和目的。收藏、研究工作是公共教育活动开展的学术支撑,为其提供主题定位和内容基础。而公共教育活动的实施则反过来能为收藏、研究工作开拓思路。两者不仅不矛盾,两者相互作用,带来的是博物馆学术研究、藏品征集、陈列展览、公共教育"四位一体"整体功能水平的全面提升。

如2013年底,苏州市名人馆征集到俞樾《曲园墨戏》一书后,工作人员发现此书虽然版本文献价值并不高,但书中一字一画、图文相应的内容,与俞樾这位人物及其在苏州故居曲园相结合,可形成寓教于乐的名人文化和汉字文化公共教育活动。活动实施的成功,也让苏州市名人馆藏品征集人员在工作中特别关注对藏品的有效利用。此外,针对苏州市名人馆富有特色的"院士厅"中展示的111位中国科学院院士、中国工程院院士,苏州市名人馆积极联系院士的亲朋故旧,搜集到院士们的照片、手稿、信札等实物和资料。这些实物、资料不仅丰富了展陈,填补了藏品征集空白,被广泛运用于"与院士对话"公共教育活动中,还充分展现了苏州

院士们的科研精神,收获了积极的社会反响。当然,公共教育工作和收藏、研究学术工作的互相促进、共同发展,还取决于相关工作人员的专业素养、敏锐的洞察力和丰富的创造力。

(三)在活动开展中用好社会力量,形成良性的社会"大循环"

时下,市场上各种文化机构为契合不同层次观众群体需求,推出的文化活动层出不穷,形式新颖。作为公益性文化场馆若仍滞留于低水平发展,提供的项目或活动不具备竞争力和吸引力,即便场馆参观免费、活动参与免费,也无法起到对公众的文化引领作用,甚至可能在社会竞争中面临出局、淘汰的危机。为此,苏州市名人馆在活动开展中不仅与各兄弟名人纪念馆联盟,还深化与各相关文化机构和企业的交流合作,用好社会力量,做好当地名人文化面向社会的大循环。

作为公益性文化单位,在各项业务工作开展中,人手短缺,更确切地说是专业人才的短缺,这是一个普遍的现实难题。为此,苏州市名人馆自开馆之初便着手建设一支由社会不同人群组建的志愿者队伍,其中有专家学者、公司白领,也有青年学生和退休老人。他们来自各行各业,但都有着深厚的苏州名人文化专业素养和满腔的工作热情。伴随着名人馆近五年的成长,这些来自社会各界的志愿者在苏州市名人馆策划公共教育活动时,及时提供社会需求意见,并在活动实施中担当主角,展己所长,成功地实现自我价值,服务社会。如2016年寒假期间,苏州市名人馆推出的首期14场"听老苏州讲苏州名人故事",由苏州市名人馆志愿团内4位熟悉苏州方言、具有扎实讲解功底的志愿者担当主讲人"老苏州",她们与其他志愿者一起,精选名人故事,反复推敲讲稿,最终甄选出14个蕴含哲理又不失趣味的苏州名人故事。活动一经推出,场场预约爆满,仅寒假期间便有3000余人参加。活动的成功,让志愿者"老苏州"们热情高涨,他们再接再厉,扩充主讲人阵容,在暑假期间又推出15场活动。由于活动形式和内容特别适合"小苏州""新苏州人"群体的需求,加上主讲人"老苏州"们独特的讲述魅力,第二期活动依然场场爆满。名人馆志愿团现有注册成员 200 余位,经过定期系统的培训与考核、管理与激励,这支队伍已经越发成熟、规范。志愿者们根据自身特长和兴趣,分成不同工作小组,在名人馆的场馆引导、宣传讲解、活动策划等工作中发挥了无可替代的作用,成为名人馆联系社会、服务社会的桥梁和一股无可替代的强大力量。

笔者认为,近年来国内兴建的这些综合性名人馆,作为以地方名人为专题的特殊类型的博物馆,在其运行中主动融入并参与当地社会和城市发展,与一般博物馆相比,别具优势。因为生动的名人资源转化为教育资源,内容极丰富,形式可多样,空间很广阔。我们应当在丰厚历史名人资源的基础上,抓住时代脉搏,打开思路,大胆实践。同时有特色、符合不同层次观众需求的公共教育活动,完全可以作为带动名人馆整体工作提档升级的引擎,并最终实现名人馆启人心智、弘扬名人精神、服务社会、引领未来的历史使命。

参考文献

[1]博物馆条例[EB/OL].(2012 — 03 — 02).http://www.gov.cn/zhengce/2015—03/02/content_2823823.htm.

[2]曹兵武.记忆现场与文化殿堂:我们时代的博物馆[M].北京:学苑出版,2005.

[3]汤金钊.题五百名贤像赞.沧浪亭五百名贤像赞.清光绪刻本.苏州市名人馆藏.

[4]段勇.美国博物馆的公共教育与公共服务[J].中国博物馆,2004(2).

名人馆的名人研究与
人物展示浅议

□ 刘立群①

　　一个地区的名人研究，与该地区的名人馆建设有着十分重要，甚至是十分紧密的关系。重庆地区的历史名人很多，尤其是抗战时期的名人。这些名人又可以根据不同的领域分为政治名人、军事名人、经济名人、文化名人、教育名人、科技名人等多个类别。严格来说，经过甄别遴选后能够进入名人馆的，只是他们中的一小部分。对这些历史名人在重庆地区的历史史实、功过得失、贡献大小等方面研究的力度大小、程度深浅，有无成果，以及成果如何，都直接关系和影响到名人馆对他们的展示和宣传。人们对一座名人馆的评价，除了场馆建设、现代科技手段的运用等硬件条件以外，更看重的就是这座名人馆的业务建设，以及对名人的展示方式、陈列手段和场景氛围的塑造，等等。本文就名人馆的名人研究与业务建设之间的关系、名人研究与名人馆的人物展示方式和陈列手段等方面谈点肤浅的想法。不揣简陋，挂一漏万，纸上谈兵，以期抛砖引玉。

① 作者系红岩革命纪念馆编研部原主任，文博研究馆员。

名人研究是名人馆全部业务建设的基础

顾名思义,名人馆要展示和宣传的是名人们在当地历史中最精彩的部分。一个名人在一个地方住了一段时间,做了许多事。这许多事都可以拿出来对这位名人进行褒扬。然而,陈列馆场地有限,展示的内容必须是名人们在这座城市最精彩的瞬间。因此,对名人们进行细致的研究就尤其必要。如果没有对他们的深入研究,没有抓住一个名人在这座城市最精彩的瞬间,哪怕名人馆的硬件条件再好,科技手段再高,就像没有抓住事物的精髓一样,对一个名人的展示只有其形,而不能表现出这个名人所具备的精神力量。这样的陈列与展示就会显得十分苍白和无力,而没有感染力和影响力。因此,要搞好名人馆的业务建设,要提升名人馆的展示方式、陈列手段和影响力,就一定要加强对名人的认真研究,深入发掘并提炼出最能代表一个名人在这座城市的闪光点,找到他们在这座城市的"最得意之笔",然后辅以高科技和艺术化的现代陈列手段,让名人馆里的名人们一个个"活"起来。

名人研究与名人馆的场馆建设和陈列布展息息相关

每一位历史名人对一个地方的建树和贡献都很多。那么,名人馆应如何对这些建树和贡献进行取舍和表现呢?这就取决于我们的研究是否到位,是否抓住了最能体现这位名人内在精神的关键点。举例来说,抗战时期中国共产党在重庆的几位名人,周恩来是影响力较大一位。全面抗战八年,周恩来有四年多在重庆度过。周恩来当时担任中国共产党南方各省以及港澳地区秘密领导机关南方局的书记、中共首席谈判代表、国民政府军委会政治部副部长、中共出席旧政协代表团团长等职。四年多的时间,他在重庆做了许许多多的工作:党的工作,政治部的工作,与国民党的谈判、交涉和斗争,团结民主党派和进步势力,争取国际力量的支持,参加重庆谈判和旧政协会议。军事的、政治的、经济的、文化的、国内的、国际的,纷繁复杂,方方面面,几乎每一方面都有周恩来精彩和突出的贡献,这些贡献都是他在重庆的亮点。那么,重庆历史名人馆里的周恩来究竟应该是什么形象呢?应该表现周恩来哪方面的亮点呢?这是为周恩来在名人馆里塑像必须要首先考虑到的问题。笔者认为,全面抗战时期,周恩来在重庆最重要的角色和价值,就是充当中国共产党在国民政府陪都的"特使",与国民政府进行种种交涉和斗争,这是周恩来全面抗战时期在重庆最基本的任务和工作。因此,对周恩来塑像的定位就可以从他的这方面工作来入手。在周恩来与国民党的诸多交涉和斗争中,人们最熟悉的就是"皖南事变"后周恩来的形象。因此,可以据此确定,将 1941 年 1 月 17 日夜,当周恩来得知国民政府撤销了新四军番号,将叶挺交军事法庭审判的消息后,悲愤难当的他在红岩嘴 13 号八路军重庆办事处自己的办公室里,为第二天将出版的《新华日报》挥毫题写"千古奇冤"和"为江南死国难者志哀"题词的瞬间,作为周恩来在名人馆里塑像的定格。而且,这个历史瞬间还有许多回忆文章和相近时期的历史照片作为塑像的佐证和参考。周恩来当时的神情、衣着和背景等,都有据可查。

名人馆并不是简单地将选定的名人塑一个像立在那里就行了,还应该考虑塑像背后的背景及旁边的辅助或衬托因素,这也需要我们对名人加以仔细研究。以董必武为例,笔者认为可供选择的典型场景有两个:一个是最能代表董必武精神的"董必武拂袖参政会",一个是董必武代表中国解放区出席联合国制宪会议。无论选择那一个,董必武的神情、衣着和背后场景都有明显的不同。如选"董必武拂袖参政会",那董必武就应该穿长衫,用参政会开会场景作背景;如选董必武出席联合国制宪会议,那董必武就应该穿西装、打领带,用联合国制宪会议场景作背景。再以王若飞为例。他是中共中央南方局后期的领导者和重庆谈判的参与者,在重庆时做了许多工作,领导了著名的"胡世合运动"。但要讲到王若飞,最让人佩服的还是他那犀利辛辣的口才。这是在 1945 年 8 月至 10 月的重庆谈判的原始记录中可以清楚认知的史实,也符合王若飞真实的性格。在十几轮的艰苦谈判中,王若飞纵横捭阖,唇枪舌剑,与周恩来一个唱红脸一个唱白脸,配合默契,最后在谈判桌上赢得了胜利。有史学家曾说,王若飞如果不死,中华人民共和国成立后的外交部长非他莫属。笔者窃以为,这就是名人馆可展示的王若飞这个名人最典型的素材和场景——重庆谈判中的王若飞。

而重庆历史名人馆里现在展陈的周恩来、董必武、王若飞、叶剑英、邓颖超五人塑像基本上是横排并列,共用一个红岩村八路军办事处大楼的背景,没有能够很好地突出他们每一个人的特色。是不是可以在加强对这些名人的研究之后,抓住他们各自的亮点,然后对这些名人的造型、神态、衣着和背景等方面加以改进呢?

名人研究和人物展示要坚持历史唯物主义

毋庸讳言,由于历史原因,许多名人曾受到过不公正的待遇或评价,时至今日,这些时代的烙印依然或多或少地存留在我们的脑海深处,不容易被抹去。历史名人馆要展示给后代的是一部真实的名人史,名人馆里的每一个人物,无论他的形象、身高、神态、体形乃至衣服鞋袜等细节,还是衬托他的背景或场景,都要尽可能地做到符合真实的历史,尽量避免人为因素造成的瑕疵。既还历史以本来面目,又要源于历史,高于历史。

名人馆不能仅仅把选定的历史人物的外在形象"塑"在那里就可以了,而是要让名人馆里的人物"活"起来。首先,塑像不仅要"形似",更要"神似"。人们常说"眼睛是心灵的窗户",因此,"眼神"的塑造最重要。其次就是场景的衬托。如果将叶剑英这个人物选定在"叶剑英舌战群顽"这个主题上,那衬托他的场景必然就是国民政府的参谋长联席会议。在这次会议上,叶剑英大义凛然,据理反驳,令一群国民党顽固派黯然失色。

再如蒋介石这个历史人物,他在重庆最得意之时就是日本投降之日,此刻,各种荣誉的光环罩在他头上,各种美誉集于他一身。当他在演播室里发表完"告全国同胞书"后,志满意得地乘坐敞篷车巡视陪都人民的万众欢腾。这是否可以将其作为蒋介石这个人物的塑像主题和场景呢?这可能比现在名人馆里蒋介石的塑像和场景要生动形象得多。就像现在重庆历史名人馆里毛泽东的塑像一样,旁边有柳亚子作陪衬,背后有大幅的《沁园春·雪》词作背景,活脱脱的就是一段陪都国统区关于中国未来进步与倒退、光明与黑暗大较量的故事。

通过名人馆里的人物塑像和场景塑造,不光要让观众能识别出这个人物,更重要的是要让观众学习历史,了解历史,知道更多有关这个人物的历史故事。而且,这些历史还是经过历史唯物主义和辩证唯物主义过滤的历史本来面目。

紧密结合现实,加强名人研究,为现实服务

名人馆的名人研究,还可以为现实服务。名人馆里的名人,大多都是清正廉洁、两袖清风,一辈子勤勤恳恳工作、老老实实做人,不置私产、一心奉献,生命不息、奋斗不止的人。这里面不仅有近现代的人物,也有古代的人物;不仅有共产党人士,也有国民党等其他党派人士。对他们清正廉洁的故事进行发掘、整理、编辑、宣传,可为当前反腐倡廉活动增加助推力。名人馆还可以根据党在不同时期的不同中心任务和社会需求,把所研究的名人分门别类,研究并整理出他们在这方面的故事,让名人馆更接地气,为现实服务。

总之,名人馆的名人研究与名人馆的业务建设、场馆设置、人物展示、陈列展示、场景选择等息息相关。名人馆的名人研究大有可为。

打造经典名人景区
构建最美精神家园

——以周恩来纪念馆为例谈名人馆的建设

□施春生①

近 10 年来,国家对名人馆等爱国主义教育基地越来越重视,出台了许多政策予以支持,全国的名人馆建设得到了蓬勃发展。这些名人馆成为爱国主义教育和历史文化传承的主阵地,对弘扬中华民族精神和发挥正能量起到了其他场馆无法代替的积极作用。周恩来纪念馆作为名人馆、伟人馆的一个部分,以发展爱国主义教育和红色旅游为双核心,进一步突出建设与保护、管理与服务、创新与开拓,名人场所建设和宣传活动取得了崭新成果。周恩来纪念馆于 2008 年免费开放,观众首破 100 万,2012 年又跨越 200 万,2015 年达到 240 万人次,屡创新高。2015 年获批为国家 5A 级旅游景区,2016 年又成为"我最向往的全国党史纪念地"之一。周恩来纪念馆在新时期名人馆建设方面进行了一些探索。

一、提升标杆,高点定位,打造经典景区

周恩来纪念馆是江苏省淮安市最亮丽、最具代表性的金色名片。为

---

① 作者系江苏省淮安市周恩来纪念馆副馆长。

了让这个金色名片熠熠生辉,纪念馆立足世界伟人基地和国内领袖场馆,从战略高度谋划和使用这笔宝贵资源,高要求、严标准打造景区,不断提升金色名片的含金量和闪光度。

(一)精品规划

立足景区长远发展,策应聚焦淮安古城保护开发战略,高起点定位,高品位布局,高标准编制《周恩来纪念景区旅游发展规划》,力求景区内部布局科学经典,外延扩展与淮安古城珠联璧合,与千年河下古镇发展相衔接,与国内保存最大的明清府署——淮安府署和上坂街、驸马巷等历史街区保护相统一,充分发挥周恩来纪念馆特殊的龙头作用和旅游焦点集聚功能。

(二)精致建设

全面实施周恩来纪念馆改扩建工程。新建的周恩来生平业绩陈列馆面积 3800 平方米,完美展示了周恩来光辉的一生;占地 16724 平方米的仿古园林西花苑碑园,巧妙融合江南园林的精致与北方园林的厚重;见证周恩来童年生活的驸马巷和周边环境被恢复为清末民初原状。免费开放后,纪念馆着重优化教育基地环境,加速推进各项后续和配套工程建设,配套建设了游客中心、纪念品销售部、旅游厕所、停车场、安防监控和门禁系统等一批基础设施,服务设施更加完备,教育功能更加完善,景区环境更加宜人,周恩来纪念景区成了城市的"绿肺"、天然的"氧吧"和休闲养生的场所。

(三)精彩展示

原状陈列、基本陈列与临时展览相辅相成,相得益彰。基本陈列力求主题突出、手段先进,运用声、光、电等高科技手段全新布展的周恩来生平业绩陈列展,获"江苏省第二届陈列展览精品奖"。临时展览力求内容鲜活、特色鲜明,"周恩来与文化名人展"在全江苏省首次创新性采用 LED 超薄灯箱,较好地实现了传统展陈方法与现代展陈手法的有机融合,图片展示与实物展出相得益彰，历史视频和专题短片相辅相成，电子书籍和电子留言相互映衬，固定展与微信版虚实互补，形成了一个多功能、立体式、有特色的临时展览，为临时展览的创新探索了新的方法和途径，被列为2016年"江苏省馆藏文物巡回展"首展。走出国门，在美国、日本举办的"中美友好论坛""和平英雄周恩来展""周恩来与冈崎嘉平太文物展"等论坛和展览，引起海外媒体高度关注。

二、聚焦主题，彰显特色，弘扬伟人精神

创新宣教方法，丰富宣教内容，拓展宣教途径，让周恩来精神唱响景区主旋律。

（一）纪念活动形式多样

在周恩来逝世日和诞辰，相继举办"缅怀伟人、祈福淮安"心愿灯燃放、周恩来铜像安放、"文革"时期手抄本《恩来之歌》捐赠、绿色光源照亮红色景区启动仪式等多项有意义的活动。

（二）专题活动独具特色

策划并成功承办的"全国周恩来思想生平研究分会"成立大会、"周恩来与新中国"学术研讨会、周恩来纪念地论坛等3个全国性会议，受到中央文献研究室表扬。其中，"周恩来思想生平研究分会"是共和国领袖思想研究的第一个分会，对其他领袖思想研究分会的成立起到了引领作用。聘任纪念馆形象大使，开创了当红明星与名人场馆合作的先河。营建的"党建林"是江苏省唯一一个以全体党员名义营建的"党建林"。举办的第五届全国红色旅游导游员讲解员电视网络大赛、全国周恩来纪念地讲解员讲解大赛、全国周恩来班主题演讲电视网络大赛获奖选手演讲会等3个全国性大赛，影响非凡。

（三）共建活动丰富多彩

一是与学校共建，推进伟人精神传承。以"周恩来读物进课堂，周恩

来格言进教室,周恩来班辅导员进班级,周恩来宣讲团进校园"为主要内容的"伟人精神校园行"活动,让"四进"周恩来班成为宣教活动经典品牌。二是与部队共建,推进军地合作。组织"馆藏百名将军精品书画展"赴军营展出,"风范——周恩来精神情景报告会"宣讲团赴舟山"淮安舰"为海军官兵宣讲周恩来与海军的故事,与当地驻军共办文艺演出活动。三是与机关共建,推进勤政廉政。每年无偿协助各机关来纪念地举办各种党建、爱国主义教育活动100多场。四是精心打造群众路线优质实境课堂、"三严三实"教育基地、"两学一做"党性教育示范点。制作《身边人眼中的周恩来》《周恩来的严与实》专题片并作为主打教材被推荐为江苏省党员必看视频课件。自主筹建的红色旅游书屋,拥有红色书籍3200余册,种类涵盖红色旅游、励志成长、时事政治、人文社科以及文学艺术等10多种。上架的红色刊物都是具有特定教育意义和充满时代正能量的精神食粮,基本能满足不同层次游客的需求。书屋还设有免费阅览区,免费提供老花镜、纸、笔,方便游客阅读和摘录。开展"五德"教育活动,有效地推动了机关勤政廉政建设。

三、塑造品牌,发挥优势,做响红色基地

周恩来精神是周总理留给纪念地的宝贵财富,保护、挖掘和利用这批珍贵资源,提升景区品位,提升红色资源的震撼力、感染力和影响力,助推红色旅游和地方旅游的发展,成为纪念馆的重要工作。

(一)开展合作,发挥龙头引领作用

在大力发展景区红色旅游的同时,周恩来纪念馆也意识到当地秀丽的风光、众多的历史古迹、多彩的民俗风情的旅游价值。如何才能让这些资源与红色旅游资源有机结合?即通过开展旅游市场的纵横联合,实现资源共享、互利互用,促进旅游资源最大值的实现,做到以"红"引人,以"绿"留人,以"古"诱人,以"土"感人,实现"红、绿、古、土"的最大优化,有

效发挥周恩来纪念馆的龙头作用,推动淮安旅游业快速发展。一是开展"红红结合",与新安旅行团历史纪念馆、苏皖边区政府旧址纪念馆等红色景点互动发展,共同构建红色旅游专线。二是开展"红绿结合",与里运河风光带和勺湖、月湖、潇湖,以及船闸群组成一日游。三是开展"红古结合",与吴承恩故居、韩信故里、淮安府署、镇淮楼、漕运总督府、河下古镇等历史景点相连接,使周恩来纪念地成为淮安旅游的枢纽和集散中心。

(二)开拓经营,开发特色纪念产品

利用馆藏文物,开发一些与纪念馆有关且具有个性的"小、巧、土、异、古"纪念品,提高馆藏文物的附加值。新开发具有景区特色和文化内涵的纪念品多达60种,纪念银币、金卡和邮册成为赠友佳品,纪念系列花瓶美观大方,仿制周恩来用过的文房四宝、纪念书画集和图书等深受游客青睐。开发特色服务项目,在馆区湖面投放10多只游船和水上滚桶,增强互动性、休闲性和娱乐性。购置3辆游览车,方便了游客。新建的翠和园饭店,成为展示淮扬菜精髓的代表店。

(三)开展推介,强势推进宣传促销

拍摄景区宣传片并在媒体上播放,在汽车站、火车站、高速公路服务区、交通要道口、主要街区和标志性建筑物上悬挂或张贴景区形象宣传牌,在宾馆、饭店和景点散发宣传单。开通周恩来故里旅游网站,与全国其他红色景区友情链接,共用共享信息化资源。积极参加各种旅游节、旅交会、推介会,主动接受周边旅游城市的辐射,融入周边旅游发展圈。搞好景区专题促销,广泛与旅行社、旅游局"联姻结亲",签订旅游协议。与其他景点串点成线,连线成面,整合出具有强大吸引力的旅游黄金线。

四、苦练内功,创新服务,构建温馨家园

坚持"以人为本,服务至上"理念,一切以游客和观众需求为导向,以游客和观众满意为宗旨,从服务细微处入手,规范服务标准,完善服务功

能，全面提升服务水平。

（一）追求服务项目个性化

推出多语种讲解，采用生动的解说形式，拉近与游客的距离，引导游客互动，激发游客的参与热情。设立母婴室、医疗站、专用电梯、老年之家、残疾人通道等特殊人群便民服务项目，为广大游客免费提供清香茶水、爱心雨伞、温馨轮椅等。建立电子商务系统，开通网上预订门票、机票、酒店和购物等通道。提供虚拟旅游、4G手机网络、官方微信、官方微博、电子网站等智慧旅游服务项目。

（二）追求景区管理规范化

按照5A景区标准，规范景区指示牌、说明牌和提示语等标牌标识，对景区的门票，工作人员服装、用语、工具、保洁等实行统一管理，做到环境公园化、设施星级化、卫生宾馆化、表情微笑化、语言亲情化。开展"景区服务明星"和"优质服务窗口"评选活动，打造温馨和谐的文明旅游窗口，使"人人成为窗口，窗口就是人人"，较好地实现了服务由零投诉向零距离跨越。

（三）追求安全体系立体化

全面提高景区安全防范能力，制定保护游客生命和财产的安全措施，建立景区治安整体联动网络、紧急医疗救援体系，落实"人防、技防、物防"三位一体的防护体系，景区内高清监控全覆盖，电子巡更全天候，安保服务全方位。

（四）追求考核管理长效化

建立长效管理机制，把精细化服务纳入日常工作考核中，与个人工作业绩奖惩挂钩，主动接受社会监督、群众监督、舆论监督，依靠多重监督、考核和管理，使景区游客满意率、环境满意率、卫生满意率、服务满意率、安全满意率、投诉及时处理率保持100%。

五、立足争先，突出引领，激发景区活力

名人精神是先辈和历史留给我们的一笔宝贵资源，名人馆是呈现名人精神的重要物质载体，但就目前来看，名人馆普遍规模小、建立时间短、影响不大、带动性不强，还需长期发展、培育和壮大。那么名人馆如何才能实现更好地发展？

（一）彰显主题性

名人馆最弥足珍贵的资源、最具特色的旅游价值，就是名人精神和名人文化。名人馆要围绕主题，扬长展优，让名人文化和名人精神的传承成为景点的核心。主要途径有：打造活动基地，使名人馆成为进行思想政治教育和爱国主义教育的活动基地；打造教育课堂，使名人馆成为各类人群进行励志教育的实践课堂；打造研究中心，使名人馆成为宣传精神、展示成果、升华内涵的研究中心。

（二）强化功能性

摆脱旧式惯性思维，以新的眼光、新的思维，赋予名人馆新的定位、新的功能。一是把名人馆建成休闲家园，加快转型，拓展休闲项目，扩大休憩空间，让游客和观众在心情愉快中接受教育，在游玩中享受生活，在休闲中感受温馨。二是把名人馆建成生态花园，注重生态，加强生态保护，美化景区环境，使景区植被茂盛，常年风景怡人。三是把名人馆建成智慧乐园，适应时代发展要求，引进现代电子信息服务系统，在管理、服务、经营、安全等方面实现智能化。

（三）增强开放性

用包容的心态、共赢的举措，搞好名人馆与名人馆之间、名人馆与社会之间的合作共进。一是增进名人馆之间的互动与串联，使区域内名人馆联系越来，形成一条有价值的名人精品线路；与区域外的名人馆紧密合作，形成名人馆大联盟。二是增进名人馆与"红色""绿色"等其他景点的

互补与融合,相互支持、共同发展。三是增进名人馆与宣教研究机构之间的互通与协作,提升成果,扩大影响。四是增进与共建单位之间的互助联动,提升服务内容和质量。

(四)突出带动性

一是在精神上带动,把名人文化和名人精神作为提振精气神、传递正能量、进行社会主义核心价值观教育的特殊手段。二是在品牌上带动,提升品牌形象,维护品牌荣誉,使名人旅游品牌成为地方金色招牌、城市响亮品牌。三是在产业上带动,发挥龙头旅游景点作用,带动其他景点振兴,推动地方旅游业、文化产业等发展,逐渐使名人旅游成为具有旺盛生命力的时代朝阳产业。

浅谈名人旧居纪念馆的保护性再利用

——以四世同堂纪念馆为例

□陈晨　莫骄　辛颖　邱峻①

一、作为人物类纪念馆开发良好模式的保护性再利用

保护性再利用的理论来自对大规模城市更新运动的反思。回顾城市不断更新的进程，众多身处其中的历史建筑的发展走向虽然颇受关注，并获得了一定的保护，但在过往实践中，其保护模式相对呆板，缺乏开发利用举措的"冻结式保护"是曾经风行一时的机械做法。

从根本上说，建筑是供人居住与使用的一种设施，不像一般文物那样易碎且不可修复，相反地，它只在使用中焕发出生机和活力。比起"冻结式保护"，合理的利用能使其获得更好的保护效果，发挥出前所未有的社会效应。随着时代的推移与社会的发展，人们不仅开始从建筑与美学的

---

① 第一作者陈晨系重庆市北碚区博物馆业务部干事，第二作者莫骄系重庆市北碚区博物馆书记、馆长，第三作者辛颖系重庆市北碚区博物馆副书记，第四作者邱峻系重庆市北碚区博物馆副馆长。

角度来审视古旧建筑,更从如何使之获得相宜的利用入手,在发展视角的观照下,对建筑的内容和内在底蕴有了新颖而深入的把握。

保护性再利用的理论在此时应运而生,它所提倡的"通过增加新元素和新设施"[1]来实现空间的改动,以及"利用现代活化元素延续其生命力"[1]以保存附着其中的文化底蕴与历史价值,标志着一种新的对待模式的建立,也暗示古旧建筑深邃意涵的多维性,提醒保护者从不同角度对其予以开发。

在知名的古旧建筑中,以名人旧居为多。它们作为名人的生活场所,在一定程度上真实地反映了名人的生活情状,见证了名人在寓居时段人生的点点滴滴。不仅如此,它们同时也是"地域文化的载体,记录了当时当地的文化传统和风土人情,是城市记忆的守护者,是名人留下的一笔弥足珍贵的文化遗产"[2],应受到关注和保护。名人旧居更是城市文化风貌的重要组成部分,寄托着多重人文历史内涵。展现城市中每一位历史名人的行迹、思想与创作,有利于彰显一座城市的内在魅力,使一座城市的文化记忆得以传承。

无形的文化记忆必须通过有形的载体予以呈现,而对实物进行再利用的手段与程度,则直接影响着呈现效果。将名人旧居改造为人物类纪念馆——名人纪念馆,是旧居建设的首选方向,这一方式也为文博行业所广泛采用。在具体的开发建设中,同样可以窥见保护性再利用理论的闪光。

二、四世同堂纪念馆的保护性再利用

(一)四世同堂纪念馆的开发历史

四世同堂纪念馆设于修缮后的北碚老舍旧居内,位于今北碚区天生新村 63 号附 32 号。房舍系砖木结构的川东民居,一楼一底共 8 间,面积约 120 平方米,灰色砖墙,上覆青瓦,外观古朴素雅,桐荫扶疏,环境静谧。

四世同堂纪念馆的主体建筑老舍旧居,则是老舍先生 1943 年至 1946 年 3 月间在北碚的居所。旧居本为 1940 年 6 月林语堂回国定居时购买,7 月被日本飞机轰炸,房舍部分破损,刚修复好,林语堂又奉命出国。1940 年 8 月,林语堂离碚,临行前将其赠送给中华全国文艺界抗敌协会作为其在北碚的办公处。1943 年,因中华全国文艺界抗敌协会重庆总会被日机轰炸,总会的大部分活动遂移到北碚举行,于是这里成了抗战后期重庆乃至全国文化活动中心,时任总务部主任的老舍也寓居于此,与梁实秋、以群、郭沫若、田汉、艾青、光未然、姚蓬子、萧红、赵清阁等文化名人常有往来。

由于老鼠较多,老舍把这处居所称为“多鼠斋”。在散文《多鼠斋杂谈》中,他曾这样戏谑屋内鼠患:“多鼠斋的老鼠并不见得比别家的更多,不过也不比别处的少就是了。前些天,柳条包内,棉袍之上,毛衣之下,又生了一窝。”据说当时“多鼠斋”内的老鼠成群结队,不仅啃烂家具,偷吃食品,还经常拖走书稿等物,连下棋所用的小棋子都未能幸免。

然而,就是在这样艰苦的条件下,老舍先生在此地创作了大量抗战文学作品,有长篇抗战小说《火葬》、《四世同堂》(第一部和第二部)、《民主世界》,短篇小说《一筒炮台烟》《贫血集》等,话剧《桃李春风》《王老虎》《张自忠》等,以及散文、诗歌等类型共计近两百万字的作品。同时,老舍还以“多鼠斋”为题,连续在《新民报晚刊·西方夜谈》上发表《多鼠斋杂文》12 篇。

拥有深厚历史人文底蕴的老舍旧居,屡经修复、充实,最终在 2010 年挂牌“四世同堂纪念馆”,并于 2012 年进行提档升级。此前,重庆市北碚区对旧居也曾进行过多次的维护。

1992 年 3 月 19 日,重庆市人民政府审定北碚老舍旧居为第二批市级重点文物保护单位。

1995 年,北碚区文广局向北碚区人民政府请示,把老舍旧居划给北碚区文物管理所使用并开辟老舍陈列室。

1996年11月,老舍旧居的第一次维修复原工程正式启动。

1997年7月,老舍纪念馆布展工作正式启动。

1999年1月29日,为纪念老舍100周年诞辰,成立了老舍纪念馆,由北碚区文物管理所负责日常管理。

2004年2月3日,"抗战文化暨纪念老舍先生105周年诞辰北碚座谈会"在北碚区召开。

2005年8月底,北碚区文广局再次启动老舍旧居修缮工作。经征求老舍子女意见,对旧居旧貌实施了第二次复原工程。2005年11月,老舍旧居文物本体修缮工程全面竣工。北碚区严格按照"修旧如旧"原则完成保护性修缮,对于该址的原始风貌予以最大限度的保留。

2006年3月,老舍旧居环境绿化工程全面完成并通过审查与验收。

2006年7月22日上午,老舍旧居重新开馆,老舍之子舒乙为旧居题名。

(二)四世同堂纪念馆保护性再利用的宗旨与特色

1.妥善保护旧居的真实面貌

作为真实的历史遗存,旧居所拥有的文化优势,即在于对历史情境的保留与复原。四世同堂纪念馆是依托1943年老舍先生来到北碚主持文协工作时的办公和生活空间进行实物陈列而建立的人物型纪念馆,它内在地要求必须通过对老舍先生这一时期相关创作活动、历史事件以及文物藏品的展示,再现历史瞬间,并通过表现这一历史阶段北碚社会的面貌,勾勒出抗战时期北碚的生活画卷,以凸显出老舍非凡的人格魅力与巨大的社会感召力。

"修旧如旧"原则被运用到旧居的修缮与维护过程中。北碚区文物管理所参考了老舍后人——中国现代文学馆原馆长舒乙先生、人民文学出版社副主编舒济女士等的描述及其所提供的珍贵的档案,结合部分资料、照片,参照真实可靠的复原依据,最大限度地再现了当时的场景,复原出建筑的风貌。

同时,四世同堂纪念馆重视总体环境的设计,综合考虑其内外环境的协调,没有随意改变周边环境,不仅对展览内容进行调整,以做到突出特色、突出重点,更全面整治了四世同堂纪念馆的周边环境。工程复原性地栽种培育出了周边的芭蕉林,还原了旧居部分历史风貌,烘托出旧居整体和谐的文化氛围,形成了与某些保护旧居本体却破坏周边环境的工程截然不同的整体效果。

2.深入挖掘老舍的文化价值

爱国、不屈、乐观幽默的精神,是老舍留给世人的宝贵精神遗产。这种顽强而积极的态度与其经历及周遭环境的影响密切相关,又在其作品中得到深刻反映,它是渗透于纪念馆物理场所之内的意涵。对之进行充分的理解、完整的展示,是纪念馆呈现老舍精神的前提与基础。

1943 年至 1946 年在北碚的岁月,是老舍先生创作生涯中最为重要的一个时期。在抗日战争的烽火中,他在这里写下了享誉世界的巨著《四世同堂》的前两部,以及其他一大批抗战文艺作品,总字数近两百万,这在世界文学史上也是一个不可复制的奇迹。

旧居是《四世同堂》的孵化地,它和这部伟大作品有着深刻的关联,在这部皇皇巨著中,不仅渗透了老舍对家国关系、家国命运的深刻思考,也展现了老舍不屈不挠的精神气度,叙写着作者在北碚的岁月里曲折而深邃的心路历程。从地域历史文化的视角上观照,老舍的写作行为也极大地丰富了地方文脉,《四世同堂》成为老舍"几乎用尽毕生的文学功底和艺术追求为北碚勾串起城市文明的血脉"[3]的最好例证。

《四世同堂》的写作凝结了老舍的心血,也成为作家与旧居文化价值的集中体现。鉴于此,在深度挖掘老舍先生在北碚的生活与创作经历后,北碚区博物馆确定了以老舍先生创作《四世同堂》的经历为展陈内容并成立四世同堂纪念馆的旧居利用策略。

在与有关专家进行了密切交流、开展了合作、悉心研究史料，同时借鉴青岛骆驼祥子博物馆的成功经验后，北碚区博物馆将老舍旧居成功建设为国内第二家以现代文学名著为主题的纪念馆——四世同堂纪念馆。纪念馆解读了老舍先生高尚的精神世界和他在抗战中的思想历程，展现出那个年代独特的文化氛围，再现了老舍写作《四世同堂》的场景，通过大量实物与丰富的多媒体效果，向大众传递出旧居独一无二的文化价值与文化内涵。

3.不断拓展纪念馆的宣传渠道

旧居的人文底蕴来自老舍精神与《四世同堂》深厚的文学价值，在开发研究的基础上进行广泛宣传，使更多人了解旧居、喜欢旧居、向往旧居，以达到宣扬文化的作用，这同样是保护性再利用的题中之意。

北碚区博物馆结合四世同堂纪念馆文化内容与传播渠道特点，在国际博物馆日、文化遗产宣传月、《四世同堂》问世 70 周年等具有纪念意义的时间点在旧居举办展览等纪念活动，并于 2014 年策划出版了《四世同堂(北碚版)》，还依托微信、微博等新媒体介绍旧居，打造良好的传播效果，力图"为受众提供一个完整的、多渠道的、立体化的"[3]信息来源。

除此之外，北碚区博物馆与北碚众多中小学建立了深厚的合作关系，通过开设"小小讲解员"培训班等形式，向青少年阐释旧居文化与老舍精神，不仅更好地发挥了博物馆的教育功能，也使旧居形象更加深入年轻一代的心灵，使四世同堂纪念馆的文化内涵得到了成功播扬。

三、结语

从老舍旧居到四世同堂纪念馆，老舍先生于北碚的这方居所成功实现了以名人纪念为主旨的多层次、多角度的开发利用，这一系列改变是在保护性再利用理论的指导下开展的。运用保护性再利用理论，北碚区博物馆不仅通过保护环境、复原场景而真实再现了老舍居所的生活实景，塑造出历史人文氛围，更在深入挖掘《四世同堂》内涵的基础上向观者展示老舍先生的精神世界与高尚风骨，同时也彰显了北碚作为"陪都的陪都"的魅力，使北碚的文化记忆得以传承。

参考文献

[1]马超.关于遗迹建筑保护性再利用的研究[J].小城镇建设，2003(11).

[2]单霁翔.实现保护性再利用的旧址博物馆[J].东方博物，2011(1).

[3]莫骄.纪念《四世同堂》问世七十周年研讨会——对四世同堂纪念馆与当下文博事业发展的思考[M]//重庆市北碚区博物馆.老舍《四世同堂》七十周年纪念文集.重庆：西南师范大学出版社，2015.

城市综合性名人场馆建设的思路与探索

——以重庆历史名人类纪念馆为例

□ 侯昀霞①

中华优秀传统文化是中共中央总书记习近平十八大以来治国理念的重要来源，习近平多次强调中华传统文化的历史影响和重要意义，并赋予其新的时代内涵。他指出，要合理利用文物资源，"让收藏在博物馆里的文物、陈列在广阔大地上的遗产、书写在古籍里的文字都活起来"。

近年来，越来越多的城市着力于通过建设博物馆、纪念馆诠释城市历史文化。一大批城市综合性名人场馆拔地而起，并在新时期呈现出了更多的新特点，焕发出了新活力。

所谓城市综合性名人场馆，是指为展示城市所在区域历代名人而建立的专题类综合性博物馆。这类博物馆以展示名人文化为目的，以名人生平为脉络，以名人遗物、档案为支撑，是区域性历史类博物馆的重要组成部分。

---

① 作者系重庆川剧博物馆馆员。

一、全国范围内城市综合性名人场馆概述

（一）城市综合性名人场馆在公共文化服务中的职能

博物馆的基本功能是陈列、展示和诠释藏品。但随着社会的不断发展，博物馆已从传统的典藏文物转向全方位、多角度的文化传承，承担起更多传播历史文化、提升公民素质的责任。名人类博物馆传播地方名人先进事迹，通过展品及不同项目、活动教育大众，增强人们对城市的认知度，提升地域文化软实力，直接或间接地推动地域文化发展，提升该地区的综合竞争力，为所在区域构建优越的文化传播平台。

（二）国内城市综合性名人馆的建设现状

据已知资料统计，国内目前已建成的综合性名人馆有十余家，分布于安徽、江苏、山东、湖北、四川、重庆等省（市）。总体上看，安徽名人馆规模较大，展陈面积约 10000 平方米；从数量来看，江苏省设立的综合性名人馆数量最多；从时间来看，各省（市）综合性名人馆运营时间不长，均为 2000 年之后开馆。（详见文末《全国综合性名人馆调查情况表》）

从调查情况来看，近年来城市综合性名人馆在建设方面呈现出新特点：一是多依托名人馆建立名人研究机构；二是多利用声、光、电等高科技项目丰富展陈形式，复原场景，并积极与观众互动；三是多致力于提高公共文化服务水平，参与城市文化建设；四是不只直辖市、省会城市，许多重点城市也开始建设名人馆。

二、以重庆历史名人类纪念馆为例，探索城市综合性名人场馆的发展思路

（一）重庆名人故旧居发展背景及重庆历史名人馆简介

重庆为国务院公布的国家级历史文化名城，是一座有着三千多年文明史、两千余年建城史的文明古城，文物遗存丰富。据不完全统计，重庆

现存历代名人纪念馆、故旧居达 226 处,广泛分布在全市 30 个区(县),其中以渝中、南岸、沙坪坝、北碚 4 个片区较为集中。

2007 年,重庆市唯一一个集中展示名人风采的陈列馆——重庆历史名人馆建成开放。重庆历史名人馆地处朝天门,占地 3757 平方米,是展示重庆历史及重庆历史名人的综合性艺术场馆。展馆分为"名人星空""序"和五大部分,内设"钓鱼城之战"全息影视播放厅和"抗战风云 陪都记忆"资料播放厅等展厅。通过雕塑、绘画、多媒体影视等多种艺术表现手法,生动形象地展现了 200 位本、客籍历史名人的生平事迹以及重庆市三千多年的风云际会、历史变迁。

(二)重庆名人故旧居类纪念馆存在的问题

重庆名人纪念馆、故旧居数量多,分布广,总体呈现出"大范围分布,小范围集中"的特点。其在弘扬传统文化,进行爱国主义教育方面,发挥了不可替代的作用,但也存在着一系列问题。

1.主管部门多头

重庆现存的 226 处名人纪念馆、故旧居,其主管单位除文物部门,还涉及文化宣传、民政、侨务、乡镇政府等部门。如郭沫若纪念馆、卢作孚纪念馆等由其所在地的区(县)文物管理所负责管理,属区(县)属文博系统;重庆历史名人馆主管单位为重庆市人民政府文史研究馆;重庆抗战遗址博物馆主管单位为南岸区政府;史迪威纪念馆的主管单位为市外侨办;邱少云烈士纪念馆的主管单位为铜梁区民政局;而飞虎队展览馆则属于私人博物馆。

主管部门多头,给各名人纪念馆、故旧居的管理带来了诸多不便。这主要体现在部分主管部门对文物政策及工作不熟悉,造成专业指导欠缺、政策不延续,进而导致发展动力不足等问题,不利于各名人纪念馆更好地发挥宣传教育作用。

2.单位体量小

重庆现存的 226 处名人纪念馆、故旧居中,有国有文物类博物馆及行业博物馆、私人博物馆,其产权归属集体、公司及私人,除个别大型纪念馆之外,大部分体量小,经费少,人员配备不足。

如国家一级博物馆红岩革命纪念馆(红岩联线),每年享受国家免费开放经费,更有国家文物局文物保护(消防、安防、文物修缮、珍贵文物修复)、陈列布展、文物征集等专项经费支持,在参与社会教育和文化纪念等活动时更享受设备、经费支持及专业人员技术培训的多重优势。红岩联线下辖的系列名人纪念馆,拥有的专业研究人员达近百人。而多数名人故旧居体量小,人员配备捉襟见肘,经费入不敷出。有限的工作人员既要应对布展、研究等业务工作,又要兼顾繁杂的行政事务。

重庆市虽已基本建立起多级文物保护单位体系,但仍有大量属于文物建筑的名人故旧居因未达到相应的标准,未纳入该体系中,不能享受政府相应的政策与资金支持,一些名人故旧居受损情况严重,保存现状堪忧。

3.重建设,轻利用

得益于近年来各级政府对名人纪念场馆的重视与扶持,重庆现有的名人纪念馆、故旧居总体保存情况较好。为数众多的名人故旧居得以修缮、布展并对外开放。

但很多经过修缮的名人故旧居、纪念馆由于持续投入不够,加之造血功能不足,以致管理混乱、陈列粗陋、内涵缺乏、吸引力不足。多数已开放的名人故旧居仅以场景复原方式对外陈列,内容千篇一律,无法反映名人文化的内涵。

(三)对策及建议

1.充分发挥重庆市名人纪念馆联盟的集群效应,打造以重庆历史名人馆为核心,辐射周边、功能互补、资源共享的名人文化研究和展示平台

2015 年,重庆历史名人馆牵头重庆各名人纪念馆、故旧居,共同成立

了重庆市名人纪念馆联盟。该联盟自成立以来,积极致力于搭建重庆本土文博单位交流合作平台,实现重庆各名人纪念单位在文物征集、资料共享、名人研究、陈列展览和宣传教育等方面的全面协作,促进重庆名人文化的研究和宣传,扩大公众影响力。目前已出版重庆市首张名人文化地图——《重庆市历史名人纪念馆/故居地图》,获得了良好的社会反响。

不可否认的是,重庆历史名人馆在联盟中发挥的重要作用和其打造重庆名人纪念馆文化高地的决心。结合重庆名人纪念馆、故旧居发展的具体情况,建议借鉴江苏南京中山陵景区、四川大邑安仁博物馆小镇的成功经验,发挥重庆市名人纪念馆联盟的集群效应,建立以重庆历史名人馆为核心的,辐射周边的,全方位、多角度的文化、学术、藏品征集与展示、陈列设计经验交流平台。建立重庆名人文化藏品数据库,实现资源共享,通过借展、联合办展模式,让展览惠及更多百姓。此外,联盟还应增强创新与实践能力,集思广益,共同研发和打造契合名人主题的文创产品,增强自身造血功能。

2.在重点地区建立重庆历史名人馆分馆

自 2015 年至今,重庆历史名人馆已在巴南、綦江、万盛、涪陵、江北、荣昌、潼南、永川、铜梁、大足、合川、北碚、璧山、江津 14 个区(县)17 个站点成功举办"巴山渝水人中杰 毓秀钟灵百代贤——重庆历史名人图片巡展",巡展累计接待观众 32 万人次,社会影响力较大。巡展的成功,成为成立重庆历史名人馆区(县)分馆的一次有益探索。综合性名人馆小区域化,是未来名人馆发展的趋势。建议引入博物馆分馆理念,结合重庆的现实,以重庆历史名人馆为主导,联合当地档案馆或文史馆,共同打造重庆历史名人馆区(县)分馆。

3.继续加强《重庆历史名人》的编辑出版

《重庆历史名人》是重庆历史名人馆自 2014 年编辑出版的一本立足重庆名人文化研究的连续性内部资料,截至 2016 年 10 月已出版 11 期,获得了同行的认可和良好的社会效益。《重庆历史名人》是重庆历史名人馆的研究平台，更是重庆本土名人文化研究的交流和展示平台。

4.多渠道筹集经费

在利用好免费开放经费维持博物馆正常运营的同时，重视利用社会资源。如在场馆修缮、公共服务设施建设等方面，适当利用社会资源，引入社会资金。

全国综合性名人馆调查情况表

博物馆名称	开馆时间	面积	陈列情况	特色服务
安徽名人馆	2015 年 10 月新馆建成开放	总建筑面积 3.8 万平方米，展陈面积约 1 万平方米，临时展厅 700 余平方米	由序厅和八大展厅组成，收录名人 5000 余人，重点展出 95 组 120 余位	互动体验厅，3D 影院，徽黄艺苑，国学讲堂，数位智库
江苏省徐州名人馆	2011 年 10 月新馆建成开放	总建筑面积约 3000 平方米，展陈面积约 2700 平方米	由序厅、古代史厅、近现代史厅、多媒体体验馆组成，收录徐州籍名人名士 50 余位	—
山东名人馆	2013 年 1 月在山东博物馆开馆	—	分为王献唐纪念馆、于希宁纪念馆、张登堂艺术馆、刘国松现代水墨艺术馆	—

博物馆名称	开馆时间	面积	陈列情况	特色服务
江苏省苏州市名人馆	2012 年 4 月建成开放	总建筑面积 2368 平方米,展陈面积 1500 平方米	由序厅、概述厅、先秦至宋元厅、明代厅、清代厅、民国至新中国厅以及状元宰辅厅和院士厅构成,收录苏州名人 447 名	—
重庆历史名人馆	2007 年建成开放	总占地面积 3757 平方米	由"名人星空""序"和五大部分组成,收录本、客籍历史名人 200 名	创办《重庆历史名人》,联合重庆数十家名人纪念馆、故旧居着手成立重庆市名人纪念馆联盟
江苏省镇江市江阴名人馆	2007 年 12 月建成开放	总占地面积约 1500 平方米	共收录 243 位历代名人,其中 10 位重要名人	—
江苏省常州市名人研究院名人文化展厅	2015 年 9 月建成开放	总占地面积 320 平方米	以"穿越历史时空,对话常州先贤"为主题,由开篇、影响中国的常州人、历史长河繁星璀璨、赵元任展区、常州文化的 6 次涅槃和龙城书院六大部分组成,重点展示 100 余名常州籍历史名人	名人研究院下设对外联络中心、常州语言名人研究中心、常州三杰研究中心、常州文学名人研究中心、常州文化名人研究中心、常州教育名人研究中心等六个研究中心

博物馆名称	开馆时间	面积	陈列情况	特色服务
江苏省常州市武进名人馆	2007年9月新馆建成开放	建筑面积1000平方米	由序厅、名人展示区、休闲区构成,收录帝王19名、状元9名、进士1457名,革命家8名及院士47名	—
江苏省无锡市宜兴历史名人馆	—	—	六大展厅	—
江苏省淮安历史名人馆	—	展陈面积约1300平方米	展出52位淮安籍历史名人	—
湖北省仙桃市沔阳名人馆	2015年2月	占地面积1300平方米	由古代厅、近现代厅、当代厅三大展厅构成,收录800位沔阳籍名人	—
广东省佛山市高明历史文化名人馆	—	建筑面积600平方米		—
四川省乐山市峨眉名人馆	2014年9月	—	展出68位历史人物	

浅析地方名人纪念馆
建设面临的问题

——以张培爵纪念馆为例

□ 文定康①

中共中央总书记习近平 2014 年 2 月 25 日在北京市考察工作时说："搞历史博物展览，为的是见证历史、以史鉴今、启迪后人。要在展览的同时高度重视修史修志，让文物说话，把历史智慧告诉人们，激发我们的民族自豪感和自信心，坚定全体人民振兴中华、实现中国梦的信心和决心。"习总书记这段重要讲话，指出了博物馆、纪念馆展览的主要目的、任务和工作的重点内容。要更好地发挥博物馆、纪念馆的作用，完成历史和时代赋予的光荣任务，任重而道远。

目前，张培爵纪念馆属市级爱国主义教育基地，免费对外开放。由于资金、藏品、人才、管理制度等因素的制约，纪念馆建设发展的各个方面都面临许多困难和问题。本文通过分析这些问题，总结经验以资借鉴，望能促进类似的地方名人纪念馆的建设发展。

---

① 作者系中共重庆市荣昌区委党史地方志办公室调研员。

一、张培爵纪念馆的基本情况

张培爵纪念馆于 2011 年 10 月 9 日为纪念辛亥革命 100 周年正式落成开馆，由中共重庆市委宣传部组织实施并使用专项经费建设，由荣昌区负责日常管理，目前是重庆地区比较权威、全面反映川渝地区辛亥革命人物及事迹的纪念馆。张培爵纪念馆由张培爵与重庆辛亥革命展览馆、张培爵墓、张培爵铜像和张培爵纪念广场 4 部分构成，占地面积 1 万余平方米，馆舍面积 1460 平方米，是融园林、生态景观、历史文化、名人雕塑为一体的革命传统教育基地。

建馆几年来，张培爵纪念馆先后被定为重庆市爱国主义教育基地、荣昌区爱国主义教育基地、西南大学荣昌校区爱国主义教育基地、荣昌廉政文化教育基地、荣昌 AAA 景区重要景点、荣昌区社会科学联合会教育基地等。各种教育基地先后在张培爵纪念馆挂牌，一方面反映出张培爵纪念馆在荣昌区的重要意义和作用，另一方面也反映出张培爵纪念馆需不断加强自身建设，紧跟时代发展步伐，以胜任各种教育基地的任务。

在不断努力扩大张培爵纪念馆的影响力、发挥其积极作用并取得一定成绩的同时，由于建馆时间比较短，经费投入、管理制度、馆舍维护、馆藏文物、基础设施、专业人才、科研成果、辐射影响等方面逐渐暴露出问题。如何立足自身实际情况，解决这些问题，寻求发展之路，发挥出地方名人纪念馆的功能，成了张培爵纪念馆建设发展道路中的紧迫任务。

二、张培爵纪念馆建设面临的问题

（一）经费投入欠缺

经费投入欠缺是制约地方名人纪念馆发展的首要问题。地方名人纪念馆的建设要得到进一步发展，资金问题必须得到解决。张培爵纪念馆免费对公众开放并服务公众，经费来源是每年的固定基本财政拨款，目前财政补贴和投入,除了工作人员工资外,只能保证每天开门、关门的基本运转。

由于地方财力限制,张培爵纪念馆与许多地方名人纪念馆一样,面临业务经费十分紧张的问题。更有甚者,连场馆基本运转都成问题,更别说有经费开展业务工作。在陈列专项经费、馆舍维护经费、完善馆内外基础设施经费等经费方面,许多地方名人纪念馆几乎没有,这使得地方名人纪念馆在调整、完善、升级陈列展览,馆内外维护,以及防虫、防害、防潮等工作上面临极大困难。文物资料征集收藏、学术交流与课题研究、人才培训等方面的刚性支出亦无资金保障,以致许多地方名人纪念馆的馆藏文物资料欠缺,课题研究成果稀少。由于资金投入困难引发的种种问题,难以谈及地方名人纪念馆的建设发展,这也让想发挥扩大积极社会影响的地方名人纪念馆有心无力,陷入尴尬困惑的境地。

(二)人才机制僵化

张培爵纪念馆建成后,除了缺少正常运转和管理的经费外,还面临人员编制和专业人员缺乏的问题,专业人员甚至出现青黄不接的状况。这也是一个亟须解决的问题。人才的欠缺,使得纪念馆的业务工作很难开展并取得突破,阻碍了纪念馆的进一步发展,更不用说为以后的持续发展提供合理安排与有效保障。

目前,张培爵纪念馆由中共重庆市荣昌区委党史地方志办公室代管。由于缺乏人员编制和专业人员,纪念馆的日常管理和业务工作主要由荣昌区委党史地方志办公室分管党史工作的领导及负责党史工作的工作人员兼理。这与许多地方名人纪念馆相比,是一个较特殊的情况,但大多数地方名人纪念馆与张培爵纪念馆一样,同样面临人才缺乏的问题。

除了人才缺乏这一问题,人员业务能力的培养与提高也是问题。目前,许多地方名人纪念馆大多只开展馆内业务学习与培训,走出去与同行间的业务交流与培训非常少,相互交流探讨、彼此取长补短的机会更是难得。长此以往，将不利于地方名人纪念馆的建设发展。地方名人纪念馆的人才要拓宽视野，学习优良的业务方法与经验，提升业务能力，多出优秀的研究成果，才能促进纪念馆的建设发展。

（三）辐射半径较小

张培爵纪念馆开馆以来，来参观学习的机关干部、青少年学生、企业职工络绎不绝，每年前来参观和接受爱国主义教育的广大干部、群众上万人次。张培爵纪念馆成为荣昌区进行爱国主义教育的重要场所。不过，根据对来访参观人员的统计，参观人员基本来自荣昌区的市民和区内的青少年学生，来自其他地区的人员很少。为此，张培爵纪念馆采取了与机关单位、社会团体联建爱国主义教育基地，在荣昌党史网站上设立张培爵纪念馆专栏进行宣传报道，对来访人员发放张培爵纪念馆宣传册等办法。尽管如此，张培爵纪念馆的辐射半径依然较小。

许多人不知道张培爵纪念馆的存在，其原因之一是参观人群以年轻人为主，对革命历史的兴趣较低，之二是张培爵纪念馆的宣传力度还不够。

鉴于此，我们认为，宣传的着力点要以提高人们对革命历史的兴趣为主，张培爵纪念馆与许多地方名人纪念馆一样，除了是对地方名人光荣事迹、崇高精神的展览，也是对革命历史的展览。因此，在展览中对革命历史以严肃态度对待时，可考虑在传统展览中采取一些生动活泼的展现形式，如在纪念馆内运用现代视频、音频等技术，通过视觉、听觉甚至触觉上的刺激，让参观者印象更加深刻，从而提高其参观兴趣。

要拓展宣传队伍。据了解，一部分地方名人纪念馆有志愿者队伍，也有一些地方名人纪念馆没有志愿者队伍。在宣传地方名人纪念馆时，可以考虑拓展宣传队伍，既能解决人员不足的问题，也能加大宣传力度。宣传队伍在宣传时，除了发放宣传册，筹备一些活动外，还可以运用新媒体技术，运用网络平台等途径来宣传纪念馆。

三、结语

虽然在建设发展道路上面临着许多问题,但地方名人纪念馆应抱着对历史负责、对后代负责的态度,在建设发展道路上,攻克难关,解决问题,这样才能使地方名人纪念馆坚守好纪念馆这块爱国主义教育阵地,发挥出纪念馆的功能。

博物馆文物展览期间的
保护策略探讨

□ 邓　铃①

文物是珍贵的历史遗产，其历史价值与科学价值不可估量。我国对博物馆文物保护工作非常重视，强调要坚持"保护为主、抢救第一、合理利用、加强管理"的原则。对此，博物馆应予以高度重视，加大对文物的保护力度。特别是在文物展览期间，更应该做好保护工作，通过采取各种有效的保护措施，防止文物受损。

一、博物馆文物展览期间保护工作的重要意义

博物馆通常以陈列的方式展示文物，展览时可按照时代线索或历史线索，将当时社会各个历史画面进行横向陈列教育，也可做出专题性陈列。展览内容和形式多样，主要目的是吸引观众。博物馆选择展览的文物，一般为历史特点突出、品相较好、代表性较强的文物[1]。文物展览是一个长期的过程，很多文物会陈列很长时间，这些珍贵的文物在离开库房以后，若文物保管部门未能做好保护措施，在自然因素或人为因素下，文

---

① 作者系重庆市江津区陈独秀旧居陈列馆讲解部主任。

物可能会出现不同程度的损毁，带来无法弥补的损失。鉴于文物的不可再生特点，在文物展览过程中，博物馆必须加强对文物的科学管理与保护。

二、博物馆文物展览期间的保护策略

（一）陈列设计要科学、合理

在举办博物馆文物展览过程中，陈列设计部门与文物保管部门应协调好，做好文物展览期间的保护工作。若存在不利因素，将威胁文物的安全。文物种类繁多，质地不同，对保护条件要求也不一样。因此，保管员应按照陈列大纲中的文物展览清单，制订合理的"文物展览保护方案"。方案应详细说明需展览文物的分类和保护条件，例如书画类、丝织品类文物对环境因素要求很高，为避免温度与湿度变化、有害气体及灰尘等对文物造成的损害，需要对其进行密封处理，灯具照度标准应不超过 50 勒克斯，灯具和文物要保持一定距离，防止灯光直射文物。如果展览国家二级以上的文物，要用照片或复制品代替，不能使用文物原件。

（二）认真做好展览制作工作

文物经领导签字同意并办理出库手续以后，文物保管部门则不再承担保护责任，而由文物展览制作方负责。这样的责任划分不利于文物的保护。这是由于展览制作方通常缺乏系统、完整的文物保护知识，在文物展览制作期间，展厅场所地面上会存在大量杂物，且搬运很随意，不够专业，容易出现文物损坏的问题。为保护文物的安全，需要采取预防性保护手段，将隐患消除在萌芽状态[2]。布展期间，为避免出现人为损坏文物的情况，文物保管部门也应参与到展览制作中，在文物安全保护中发挥出监督指导的作用。通过耐心指导和亲自示范，让展览制作方了解文物保护要求。在搬运文物过程中，不能让文物出现碰撞，陶器、瓷器类文物容易破碎，搬运时应双手托底，轻拿轻放，不能单手提边和持柄而行，否则容易损坏文物。对于书画、丝织品、金属等文物,搬运时应戴上干净的棉质手套,不能让手上的汗沾染文物。在文物展览方法的设计中,不能直接用钉子或图钉将文物固定在展板或墙上;在摆放文物的时候,应确保文物安全,不能使其受到损伤。在展厅装修结束,文物进入展厅后,应及时对展柜中的文物消毒,并测量展厅和展柜中的温度与湿度,确定温度与湿度在标准范围之内后,才能摆上文物,对一些特殊的有机质地文物,应放入防虫药品并密封展柜,防止文物受潮。

(三)改善展厅环境

1.避免温度与湿度变化危害文物

展览的文物状态与库房内保存的文物状态不一样,库房内文物较为集中,有利于管理与保护。博物馆展厅中需要安装好空调与通风设备,将室内温度与湿度控制好。对于一些对环境变化敏感的文物,虽然在展览设计过程中进行了密封处理,但并非绝对真空密封,若温度与湿度变化较快,容器内部则无法保持平衡。如果温度过高,会导致皮革脆裂,漆器、木器、竹器干裂,书画耐折度下降以及出现发脆、变色等问题[3]。如果湿度较大,将导致文物受潮,铁器生锈,铜器也会被锈蚀。因此,展厅应设置好温度计与湿度计,管理人员应认真记录每日温度与湿度的变化情况,以便尽快调节。展厅陈列的文物质地不一样,对温度与湿度要求也不同,应考虑到各类文物的共同特点,控制展厅温度宜为 15℃～18℃,相对湿度宜为 55%～65%。此外,还要安装空调和加湿、除湿系统,并配以自然调节的方法,对展厅内温度与湿度加以调节。例如冬天天气比较干燥,应将适量的绿色植物与花卉放在展厅中,除了可以吸附展厅内的灰尘外,还可以增加展厅内的湿度。而在夏天潮湿天气里,在晴天无风与早晚空气干燥时通风,阴雨天气则要关好窗户,将温度与湿度控制在适宜范围内。对于有机质地文物,还要定期做好消毒与投药工作,避免文物受到损害。

2.避免光线危害文物

自然光和人工照明都会在一定程度上危害展厅中的文物,尤其是阳光直射与反射对文物危害较大。紫外线在光解、光氧化等作用下,会对文物结构与成分造成破坏,导致纺织品出现褪色,纸张发生龟裂、翘曲等问题。展厅中不能让光线直接照射在文物上。为避免光线照射,应采取涂防光剂,装有色玻璃、双色窗帘、百叶窗等方法。展厅中应采用装有感应装置的人工光源,例如在设计书画展览时,要充分考虑到光线照射对书画类文物造成的危害,应利用先进的技术,在观众靠近展柜后,灯光通过展柜上部的探头感应,光线从弱变强,而在观众离开展柜以后,光线从强变弱。通过这种方法,在不影响观众欣赏展柜中书画类文物的基础上,防止光源长时间照射在书画类文物上,以有效保护文物的安全。

3.避免有害气体、灰尘危害文物

博物馆展厅每天接待的观众数量很大,文物容易受到混浊的空气及尘埃的影响。尘埃成分非常复杂,包括虫卵、微生物、化学烟雾、金属粉尘、煤烟和灰尘等,在一定温度与湿度下,会导致有机质地文物被腐蚀或者发生生虫和霉变等问题,其中书画类文物受损程度最大[4]。展厅中应设置通风与空气过滤设备,窗户缝隙应做好密封处理。在打扫展厅的时候,应选用吸尘器与湿布,确保展厅内的清洁卫生。书画类展厅应为观众提供一次性鞋套,防止灰尘进入展厅从而危害文物。

(四)加强对人员的专业培训

在文物展览过程中,负责看管展厅的工作人员,除了要做好清洁卫生以外,还应看管好文物,切实承担起保管和保护文物的责任。文物保管部门应加强组织展厅工作人员的培训,让他们掌握一定的文物保护基础知识,更好地胜任展厅文物看管工作。这样能够有效防止因为工作人员专业保护知识不足而在自然光线强烈的天气打开窗户而让阳光直射文物,或者阴雨天气打开窗户而导致文物受潮等情况,让博物馆文物展览得到可靠保护。

三、结语

总之,博物馆加强文物在展览期间的保护工作意义重大,需要领导予以重视,做好预防性保护措施。此外,要切实增强相关工作人员的文物保护意识,加大文物保护力度,采取科学的管理与保护手段,避免文物在展览期间受到危害,以最大限度发挥出其价值。

参考文献

[1]单霁翔.浅析博物馆陈列展览的学术性与趣味性[J].东南文化,2013(02).

[2]苏史煜.浅谈如何做好文物陈列展览设计[J].大众文艺,2012(16).

[3]龚良.南京博物院:从文物之美到展览故事[J].文物天地,2016(04).

[4]周加胜.国内博物馆传统展览业的数字化应用及对策[J].惠州学院学报,2016(04).

III

第三部分

名人专题研究

新时期名人文化研究与名人馆建设学术研讨会文集

革命军中马前卒——邹容

□林　琳①

提到辛亥革命，就不能不提到自署为"革命军中马前卒"的邹容。邹容将短短二十年的生命全部给了资产阶级民主革命，为辛亥革命，为最终推翻腐朽的清王朝、摆脱统治华夏长达两千余年的封建帝制社会，做出了不朽的贡献。"邹容"这个名字，与辛亥革命紧紧联系在一起，他是辛亥革命的先觉者、宣传兵和战斗员。

邹容，原名桂文，字威丹（蔚丹），又名绍陶，留学日本时改名为邹容。1885 年出生于重庆府巴县（今重庆市渝中区），1905 年死于上海提篮桥监狱。

邹容死后，刘季平不畏株连，暗地里将邹容的尸体收殓起来。刘季平，原上海华泾（今属上海市徐汇区）人，自署江南刘三，1903 年初留学日本，十分敬佩邹容，两人结为生死之盟。邹容被迫害致死周年忌日，刘季平将邹容的遗骸用民船悄悄运回华泾，安葬于黄叶楼附近宅地。从此，邹容长眠于华泾。

---

①　作者系上海市徐汇区华泾镇社发办邹容纪念馆负责人。

辛亥革命的先觉者

爆发于 1911 年的辛亥革命,是在清王朝日益腐朽、帝国主义侵略进一步加深、中国民族资本主义初步成长的基础上发生的。其目的是推翻清王朝的专制统治,挽救民族于危亡,争取国家的独立、民主和富强。这次革命,结束了中国长达两千年之久的君主专制制度,是一次伟大的革命运动,在中国革命历史上具有十分重要的意义,是近代中国比较完全意义上的资产阶级民主革命。

辛亥革命的成功,是中国近代无数仁人志士前赴后继、不断奋斗的结果,许多人为此献出了宝贵的生命,其中就有"革命军中马前卒"——邹容。

邹容自幼推崇抗清志士郑成功、维新义士谭嗣同,尤其崇敬才华横溢的反清复明少年英雄夏完淳,他宣称"仁义所在,虽粉身碎骨不计",决心继承发扬夏完淳的爱国精神。面对残酷的社会现实,邹容憎恨贪官污吏并崇尚新学。他说:"学而优则仕,可清朝的仕都成了贪官污吏,不是文章误身,勤学之害吗?"他在县"童子考"中勇斗主考官,回家后却被父亲打骂。他对维新派十分崇拜。当志士谭嗣同被害的消息传到重庆后,邹容悲痛万分,冒险将谭嗣同的遗像悬挂于家中,并作诗哀悼:"赫赫谭君故,湖湘士气衰。惟冀后来者,继起志勿灰。"以此表明了自己愿继承先辈遗志,奋勇前行的志向。

日本在明治维新后,逐渐跻身于世界强国之列。中国大批先进青年从中觉悟到应该向日本学习先进的思想和技术,便纷纷前往日本留学,希望学成回国,报效国家。

1901 年夏,邹容到成都参加自费留学日本的考试,被录取。然而,临行前,清廷当局以邹容平时思想激进的原因,取消了他的资格。1902 年春,邹容在上海江南制造局广方言馆短训日语几个月之后,冲破重重阻力,自费来到日本同文书院补习日语。在日求学期间,邹容阅读了大量的西方资产阶级启蒙著作,广泛接触了西方资产阶级民主思想与文化,革命倾向日益显露。他曾"自比法国卢梭",并结识了一些革命志士,积极参加留日学生的爱国活动。由此,邹容逐渐成长为一个革命青年。和无数的志士一样,邹容成为1911年爆发的,作为资产阶级民主革命标志的辛亥革命的先觉者。

辛亥革命的宣传兵

邹容同时也是资产阶级民主革命的宣传兵,他以演讲和著述,为辛亥革命的爆发奠定了理论基础。

早在日本留学时,邹容就常常参与留日学生的爱国活动,并争先讲演,陈述己见,切齿于清王朝的腐败昏暗,揭露其对内残酷镇压、对外奴颜婢膝的罪行,向往中华民族的新生崛起。

回国后,邹容寄居于上海的爱国学社,以"革命军中马前卒"为署名奋笔疾书,完成《革命军》。章炳麟(即章太炎)为《革命军》作序。在《革命军》中,邹容以西方资产阶级革命时期提出的"天赋人权""自由平等博爱"为理论武器,阐述反对封建统治、进行资产阶级革命的重要意义和必要性。他赞美道:"巍巍哉,革命也! 皇皇哉,革命也!"他大胆揭露清政府的封建专制,大声疾呼"以宣布革命之旨于天下",强调革命是"顺乎天而应乎人"和"至尊极高"的神圣事业,是"世界之公理",是拯救中国的"宝方"。他明确指出,中国人民要想摆脱清朝封建统治的压迫,实现国家民族的独立、民主和富强,就必须起来革命。他呼唤,无论"老年、中年、少年、幼年,无论男女",都要"相存、相养、相生活于革命";明确宣布革命独立之大义在于"永脱满洲之羁绊,尽复所失之权利,而介于地球强国之间""全我天赋平等自由之位置""保我独立之大权",推翻清朝封建专制王朝。他提出了建立资产阶级共和国的政治纲领,并把这个国家称为"中华共和国"。

《革命军》全书约 2 万字，分为 7 章：绪论、革命之原因、革命之教育、革命必剖清人种、革命必先去奴隶之根性、革命独立之大义、结论。《革命军》是时代的产物，是资产阶级民主革命的号角。《革命军》号召人们为驱逐"外来之恶魔"，为争取民族的独立而战。

邹容在《革命军》中提出了"中华共和国"25 条政纲，"中华共和国为自由独立之国"，"凡为国人，男女一律平等，无上下贵贱之分"，为资产阶级民主革命运动提供了有力的理论武器。

《革命军》对邹容理想中的"中华共和国"提出了纲领性主张，被看作是资产阶级民主革命的理论性、纲领性文件，为推翻清王朝，建立资产阶级民主国家，为辛亥革命的爆发，奠定了理论基础。

辛亥革命的战斗员

早在日本留学期间，邹容就"自比法国卢梭"，积极参加留日学生的爱国活动。回国后，他更是积极投入到反对封建统治的斗争中。

1902 年 4 月，蔡元培等人发起组织"中国教育会"，11 月成立爱国学社，黄炎培、章炳麟等担任教员。邹容回沪后，即加入中国教育会。1903 年 4 月，拒俄运动爆发，邹容在张园发表"论改革中国现时大势"的演说，提出组织"中国学生同盟会"，团结爱国学生的倡议，并积极组织"中国学生同盟会"，参加拒俄运动。不久，"苏报案"发生。

《苏报》于 1896 年由胡璋在上海创刊。1903 年 6 月，章士钊接任《苏报》主笔，宣布"大改良"，言论更趋向支持革命。6 月 1 日，刊登《康有为》一文，痛斥康有为力倡保皇、抵拒革命的言行。1903 年 5 月，邹容所著《革命军》在上海出版。《苏报》于 6 月 9 日刊登章炳麟的文章《读〈革命军〉》，广为介绍《革命军》，将该书誉为"诚今日国民教育之第一教科书"，赞誉它是震撼社会的雷霆之声；又在"新书介绍"栏评论说，《革命军》"其宗旨专在驱除满族，光复中国，笔极犀利，文极沉痛。若能以此书普及四万万人之脑海,中国当兴也勃焉"。《苏报》迅即成为举国瞩目的革命报刊。《苏报》因宣传《革命军》而为相互勾结的中外反动派所不容,1903 年 6 月 29 日上午,位于三马路(今汉口路)20 号的"爱国会社"和《苏报》社遭查禁。江苏候补道台俞明震赴上海查办革命军,将章炳麟等人捕入租界监狱。这就是著名的"苏报案"。

听闻此事,邹容于 7 月 1 日自投四马路(今福州路 185 号)巡捕房,与章炳麟共患难。经 7 月 15 日、21 日和 12 月 3—5 日、24 日四次会审,直至 1904 年 5 月 21 日,会审公廨特设额外公堂终庭宣判:"邹容监禁二年,章炳麟监禁三年,罚做苦工,限满释放,驱逐出境。"反复拖延了十个多月的"苏报案",至此草草收场。

即使在狱中,邹容等人仍然进行着不屈的斗争。"苏报案"发生后,章炳麟、邹容开始被拘于巡捕房,当额外公堂对他们进行审讯时,他们就被移到会审公廨的监狱。在狱中,章炳麟与邹容常写诗互勉,并把这些诗秘密传出,先后刊载于一些革命报刊上,继续发挥其诗文宣传革命的作用。为反抗狱卒虐待,邹容与章炳麟进行绝食斗争,共同写成《绝命词》,互相慰藉,生死与共。邹容年轻急躁,忍受不了入狱后的生活,长期郁郁寡欢、情绪低落,以致积郁成疾。1905 年 4 月 3 日,邹容因肺炎死于提篮桥监狱中,年仅 20 岁。

邹容在其短暂的一生中,始终以推翻封建制度、建立民主国家为己任,奔走于宣传资产阶级民主革命、实践推翻帝制的革命第一线。他的《革命军》喊出了中华民族谋求革命独立之声,是中国第一部系统地、旗帜鲜明地鼓吹资产阶级民主革命,宣传建立资产阶级民主国家的不朽巨著,是辛亥革命的行动纲领,为辛亥革命的爆发铺平了道路。

辛亥革命胜利后,1912 年 2 月,孙中山先生以临时大总统的名义签署命令,追认邹容为"大将军"。无产阶级革命家吴玉章也写诗称赞:"少年壮志扫胡尘,叱咤风云《革命军》。号角一声惊睡梦,英雄四起挽沉沦。"这是对邹容这样一个辛亥革命的先觉者、宣传兵和战斗员的最为中肯和确切的评价。

华泾人民为纪念"革命军中马前卒"邹容,重修邹容墓,方便市民前来凭吊;又于黄叶楼(原刘三藏书楼)处开放邹容纪念馆,再现邹容短暂而辉煌的一生。

2017年,上海市华泾镇人民政府将对黄叶楼进行重新布展开放,拟建成上海首个以辛亥革命为主题的纪念馆。

铁肩担道义　丹心扶社稷

——革命先驱赵世炎同志践行中国梦历史细节的时代意义

□白明跃①

赵世炎烈士作为中国共产党组织的创建者之一、中国共产党早期的重要领导人之一、为中华人民共和国成立作出突出贡献的英雄模范人物之一、马克思主义理论的传播者、著名的工人运动领袖，从 1917 年他走上革命道路开始，到 1927 年在龙华英勇就义，这 10 年间，他始终对党、对国家、对人民满怀赤子之情，因为他有一个"少年中国"的梦想，即本文所说的中国梦。

同为旅欧学子，李劼人在旅欧学生中是强硬地不愿意加入中国共产党的人，但他因为赵世炎的牺牲，内心很是震撼，说："连赵世炎这样优秀的人都容不下，蒋介石迟早是要灭亡的！"从此以后，李劼人就默默地帮助共产党人做事，一直到老。这就是精神的力量。

美国梦是个人的梦，是实现个人教育和财富的梦想。而中国梦则是民族的梦、国家的梦。李大钊在 1918 年时筹办少年中国学会。"少年"一

---

①　作者系重庆市酉阳县红色景区管委会常务副主任，赵世炎烈士纪念馆馆长，重庆市中共党史学会理事。

词来自梁启超的"少年中国说",与欧洲的"少年意大利"和"少年德意志"内涵一样,是为了一个青春的、有向往的、有梦想的、充满活力的、积极向上的、像少年一样敢于变革的伟大国家,而不是暮气沉沉、腐朽没落的景象。周太玄回忆少年中国学会的缘起时说:"酝酿发起少年中国学会的主要动因,就是都感到现状不能容忍,必须由自己联合同辈,杀出一条道路,把这个古老腐朽、呻吟垂绝的被压迫、被剥削的国家改变为一个青春年少、独立富强的国家。"

百年前从武陵山深处的酉水河走上革命道路的赵世炎,在五四运动中勇立潮头,是领导五四运动的学生领袖,在欧洲,是旅欧勤工俭学的学生和华工的灵魂人物。这,不仅仅需要一种胆识,还需要一种智慧,更需要一种精神! 赵世炎是中国共产党之先驱,有着一种敢为天下先的公共情怀。归结为一个词,就是"中国梦"。

他为什么是李大钊的"一把好手"

事实上,在中学时期,赵世炎卓越的组织和领导才能就崭露头角。

赵世炎的三哥赵世炯当时在北京交通邮政部工作,1915 年把赵世炎和四哥赵世琨从四川酉阳龙潭镇(今重庆市酉阳县龙潭镇)接到北京读书。赵世炎和赵世琨两兄弟都以优异成绩考上北京高等师范学校(今北京师范大学)附中。

1917 年,赵世炯因工作调动要离京赴陕,嘱托同学周太玄等友人照看弟弟。

周太玄和王光祈去看望赵世炎。赵世炎从小就显得非常成熟,思维活跃,高小毕业后曾在老家龙潭当过体育教员,所以赵世炎与他们一见面就谈得很投机,一谈就是整整一个下午。当时,来自四川的王光祈、周太玄和赵世炎的三哥赵世炯都是同学,他们和李大钊正在筹办少年中国学会。

李大钊希望在中学生中发展优秀少年作为少年中国学会储备会员，便专门介绍了正在北京高等师范学校附中读书的赵世炎进入少年中国学会。这是一个转折点，李大钊开始把赵世炎作为梯队接班人来培养。从此，赵世炎完全走上了革命的道路。

李大钊经常说："世炎脑子好，反应快，是我工作上的一把好手。"在李大钊影响下，赵世炎的思想转向马克思主义。

1919 年，五四运动爆发，5 月 7 日，赵世炎被全票推选为北京高等师范学校附中学生会干事长，成为五四运动领导核心成员。

据赵世炎的同学邢大安回忆：赵世炎组织能力很强，善于听取各方面的意见并处理矛盾、统一意见，显得很淡定从容，有什么困难和问题，在他那里都不是问题，被同学们尊为"及时雨大哥"。

少年中国学会汇集了当时中国的一大批精英，包括毛泽东、恽代英、赵世炎、邓中夏、蔡和森、张闻天以及赵世炎的三哥赵世炯等 108 人，其中很多人成了组建中国共产党的核心力量。

1923 年 3 月，根据共产国际和中共中央的决定，赵世炎率领一行 12 人赴苏联学习，并随李大钊一起出席了共产国际第五次代表大会。1924 年，应李大钊的要求并报中央同意，赵世炎与李大钊回国开展北方区委的工作。他和李大钊一起，领导了北京市民、学生多次反帝反军阀运动，包括组织领导"三·一八"抗议大会，领导了天津、开滦等地的工人大罢工。

毛泽东回忆说"四川的同志中，赵世炎印象最深"

赵世炎是在新文化运动当中成长起来的，他也读过私塾。他的诗词中，唯一用五言古体诗写的作品就是作于 1921 年 3 月的《怀润之》。他与毛泽东的感情，正如诗中说的"同志如兄弟，风谊兼友师"。

毛泽东和赵世炎关系的建立，缘于两件事。一是当时李大钊和王光祈、周太玄等人一起筹建少年中国学会时，把他最欣赏的赵世炎和毛泽东约在一起交流。赵世炎性格活泼,善于和人相处,成绩非常优秀,又敢于"出头",比如敢于与胡适争论和研讨问题。他是一个很有思想的青年才俊,后来成为北京高等师范学校附中的核心灵魂人物。二是 1920 年 5 月 9 日,第 15 批赴法勤工俭学的 126 名学生从上海登上远洋邮轮出发。和赵世炎一起赴法的这批人主要是湖南新民学会和少年中国学会的会员。赵世炎等船期间,除了与陈独秀进行一些深刻的交流之外,还与专门到上海来为湖南赴法学生送行的毛泽东有过几次长谈,真可谓"书生意气,挥斥方遒",彼此留下的印象特别深。

毛泽东和赵世炎都是少年中国学会 108 名会员之一,都有一颗拳拳报国之心。谈到民族大义和国家兴亡,毛泽东和赵世炎有很多共同话题。

蔡畅多次用诗一般的语言说:"世炎和恩来全身都是聪明。"

1922 年 6 月,在赵世炎的统筹下,旅欧青年中的共产主义组织诞生了。

巴黎西郊,旅欧青年第一次代表大会在布伦森林中举行。出席会议的有来自法国、德国、比利时的代表 18 人,其中包括赵世炎、周恩来、李维汉、王若飞、陈延年、陈乔年、萧子璋、刘伯坚、傅钟、佘立亚等。周恩来是从德国赶来参加会议的。会场布置在布伦森林中一片空地上。一个经营露天咖啡茶座的法国老太太租给他们 18 把椅子。

会议由赵世炎主持。周恩来最初提议组织的名称叫"共产主义青年团",但多数人不赞成,主张叫"少年共产党"。会议开了 3 天,确定组织的名称为"旅欧中国少年共产党",选出中央执行委员会委员 3 人:赵世炎为书记,周恩来负责宣传,张伯简负责组织(因为张在德国,先由李维汉代理,不久便由李正式接替)。

旅欧中国少年共产党的党部设在巴黎戈德弗鲁瓦街 17 号一座小旅馆内。赵世炎就住在那里。经常在那儿工作的有赵世炎、李维汉和陈延年。赵世炎和周恩来在旅欧革命青年中享有很高威望。他们两人有不少相似之处：坚定，机智，待人诚挚，富有组织才能。当时正在法国的蔡畅曾多次用诗一般的语言说："世炎和恩来全身都是聪明。"

知识来自积累，赵世炎的应急智慧来自他对自己的基本要求："天下事不患知之不多，唯患行之不力。"他讲的是执行力。

一方面，赵世炎从理论到实践，再从实践到理论，培养了他超强的自我协调能力。在上海工作期间，即使作为领导上海近 100 万工人的领袖，他也能经常一边听汇报，一边给大家安排工作，手上同时还在写条子安排急需去做的事。赵世炎的侄女赵施光和赵令庄都说："五叔这个人，经常是手脑并用，可以同时做几件事情，真是让我们不敢想象。"

另一方面，因为赵世炎涉猎的知识非常广泛，博学而不呆板，因此他的思维方式有些时候是超乎常人的。

赵世炎的嫡孙赵新炎说："我在中学的时候自以为英语不错，后来奶奶（夏之栩）给我说，你那外语水平算什么，你爷爷可以把 26 个英语字母倒过来背，你试一试？"

赵世炎通晓 5 国语言，在共产国际的大会上，他到处去听，到处去搜集信息，这也是李大钊经常说赵世炎是"一把好手"的原因之一吧。

赵世炎的聪明还体现于他的群众路线，做事"接得上地气"。

赵世炎在践行群众路线方面给我们树立了榜样。在法国"进占里昂大学事件"之后，赵世炎的护照被收了。这之后，他来到法国北方。

1921 年 11 月，赵世炎来到华工聚集的法国北方。工人们吃黑面包，住破帐篷，时有触及地雷和引爆炮弹而造成人身伤亡的危险。赵世炎来这里，和工人们劳动在一起，生活在一起，利用休息时间给他们读报，讲外面发生的事，告诉他们吃苦、受罪是因为北洋政府把他们如牲畜般卖给了法国。他鼓励工人们要团结起来向北洋政府和法国政府讨回人身权、自由权。渐渐地，工人们同赵世炎的感情深厚了，赵世炎受到工人们的保护和爱戴。工人们不让赵世炎干重活,他便为工人们烧饭、打扫卫生、读报、办理对外交涉联络等事宜。后来,烧饭、搞卫生的事工人们也不让赵世炎干了,只让他做"先生":读报、讲演、写信。

经赵世炎调查,中国之所以是第一次世界大战的战胜国,乃因当时约20万华工在法国做着挖战壕、抬尸体、埋炸弹等工作,北洋政府与法国陆军部签订了合同,华工们是被当成奴隶卖给法国政府的,华工终生不得自由。赵世炎以此为契机,和其他同志多方奔走交涉,为部分华工解除了合同,使之获得了人身自由。这一果敢行动,不仅让赵世炎等人赢得了普遍信任,而且极大地调动了华工参与革命活动的积极性。他们创办了由赵世炎任编辑的油印刊物《华工周报》。赵世炎用很多笔名为这份周报写文章,传播马克思主义。

实际上,天才来自勤奋,也来自眼界和格局。斯大林曾经说过:到法国勤工俭学的那批中国青年当中,有天才的政治家陈延年和天才的组织家赵世炎。红色电视剧《我们的法兰西岁月》播出以后,一大批"世炎党"真是无法相信,从武陵山区到北京求学,然后旅欧赴法的赵世炎,通晓5国语言,精于音乐,善于演说,是世界上难得一见的辩才。

但是,赵世炎不是柔弱书生,因为他内心有一个强大的中国梦。

具有大无畏精神和舍身忘死的英雄气概的赵世炎,为中华之崛起而奋斗了一生,实乃中华民族之楷模。

不仅如此,赵世炎的眼界也是我们难以企及的。1922年6月,赵世炎与李立三等人在法国筹备建立旅欧中国少年共产党,赵世炎被推选为书记。同年秋,经胡志明介绍,赵世炎和王若飞、萧三、陈延年和陈乔年5人,一起加入法国共产党,成为国际党员。这是很多人不知道的一段历史。

"他是为主义而死"

中国梦是为了实现国家富强、民族振兴、人民幸福。从赵世炎等人走出国门寻求真理开始，中国梦就不是空幻的，因为包括赵世炎、周恩来、蔡和森、邓小平、陈毅、聂荣臻等在内的大多数热血青年，都有着坚定的信仰作为"压舱石"。

1927 年 7 月 19 日清晨，赵世炎在上海龙华英勇就义。反动派杀害赵世炎不是用枪而是用刀。在第一刀砍下的同时，赵世炎奋身跳起高呼"共产党万岁"，刀砍在他腰上，随后他又被连砍几刀，头被砍下……但是，他的身躯屹立不倒！

赵世炎牺牲后，赵世炎的三哥赵世炯委托中学同学魏时珍（留德学生，时任同济大学教授）打听赵世炎的情况。魏时珍去找淞沪警备政治部主任陈群的机要秘书程远（当时魏时珍正在追求她）。程远将真实情况告诉了赵世炯："'四·一二'政变之后抓了很多人，但没有抓到一个共产党的首领，最后叛徒供出施英（赵世炎在上海的化名），捉到施英，并在他的箱子里搜出几万块钱，他说他姓夏，叫夏仁章。后来找人对证，结果证实抓到的就是共产党的首领施英。施英自知掩盖不过，承认自己就是赵世炎，开始阐述自己的观点，开始了狱中斗争。"

赵世炎就义后，反动当局不准收尸，赵世炯便到赵世炎墓地看望，大哭一场。在附近茶馆稍坐，并请人立碑，自书碑文：亡弟世炎之墓。当时茶馆里有人纠正说："他不叫赵世炎，他姓夏，是湖北人，好了不得，杀头时还喊'共产党万岁'呢！"

魏时珍曾专为此事对赵世炯说："共产党人有为卢布而死，有为主义而死，你兄弟他是为主义而死。"

"赵世炎是上海无产阶级真实的首领"

中国共产党机关刊物《布尔塞维克》第一期扉页，发表了题为"悼赵世炎陈延年及其他死于国民党刽子手的同志！"的悼念文章。文章说："赵世炎陈延年二同志之死是中国革命最大的损失之一。中国无产阶级从此失去了二个勇敢而有力的领袖，中国共产党从此失去了二个忠实而努力的战士。"文章称颂"赵世炎是上海无产阶级真实的首领"，是"上海工人三次暴动的指导者"，是"上海总工会和纠察队的灵魂"，"一九二六年五卅周年纪念后爆发的有名的上海经济罢工，在连续数百次包含近百万人的上海工人经济罢工中，他是唯一的主谋者"。

当时中共的主要负责人、中国共产党机关刊物《布尔塞维克》主编瞿秋白在文章中这样说："赵世炎陈延年二同志之死，在中国共产党的行伍中留下了虚空，这虚空将成为中国共产党奋斗的生命上一个永不磨灭的黯然的伤痕！"

确实，赵世炎人生的第一要义在中学时期就提出来了："奋斗，愚常奉以为人生第一要义。"他一直为了国家，为了党的事业赤胆忠心，孜孜不倦，鞠躬尽瘁，死而后已。就是在狱中的最后时光，他也没有停止自己的工作。

在狱中，敌人对赵世炎施尽了各种酷刑，但他坚贞不屈，并把敌人的法庭和监狱当作宣讲台，和敌人展开面对面的斗争。他向敌人宣告："你们只能捉到我一个施英，要想从我口头得到半点机密，那是枉费心机。"

在监狱里，赵世炎时刻挂念着党的工作，关注着工人运动的发展。有一次，他托人给党组织带去一张纸条，请求党组织好好照顾那些失业的工人兄弟，说他们都是党的依靠力量，应当得到党的关怀。他还鼓励狱中的同志一定要顽强斗争："不要害怕，越怕越没有希望。"他语重心长地对大家说："革命就是要流血的，要改造社会就必须付出代价。"

在敌人的监狱中,他就是一种勇气和力量的象征。

在最后一次提审中,他仍然大义凛然地宣传国民革命,宣传共产主义,大骂帝国主义和蒋介石反动派。他满怀革命豪情地指出:"志士不辞牺牲,革命种子已经布满大江南北,一定会茁壮起来,共产党最后必将取得胜利!"

《赵世炎选集》背后的故事

赵世炎的侄女、西南大学离休教授赵令庄在《赵世炎选集》的序中写道:他还是杰出的政治家、理论家,在紧张的革命斗争中,在七八年间写了大量文章,(现在)出版的《赵世炎选集》(邓小平题写书名)就收集了118篇。这些文章深刻地分析了当时的时局,明确指出革命的斗争方向,特别是他以施英的笔名写的著名的《七论上海的罢工潮》,精辟地总结了革命的斗争经验,显示了他非凡的才华。

赵世炎是一个彻底的革命主义者,赵令庄还写道:赵世珪(赵世炎的四哥,字国顺,号竹斋)与赵世炎一同读小学,一同进北京高等师范学校附中读书,兄弟间感情深厚。

兄弟俩一起参加了轰轰烈烈的五四运动。

在赵世炎精神的感召下,赵世珪的儿子赵令哲于1948年在四川大学参加了中共地下党,并担任新生院的党小组长,组织推动进步新生运动。他还引导妹妹赵令庄及堂妹赵晚珍(赵世炯的女儿,当时她二人均在树德中学读高中)参加中共的地下外围组织——民主青年协会,积极参加学生运动。赵令哲还说服母亲支持革命,将青羊宫(位于四川省成都市)的家变成党的一个地下联络点,1949年曾先后掩护过5名地下党员(其中有成都地下党大学部和四川大学的负责人),有的甚至在他们家住一两个月。当时常有地下党员到他们家接头,通宵研究工作。

1924年7月到1926年7月这两年时间里,赵世炎以世炎、因、识因、禾生、罗敬、施英等笔名撰写文章，分别刊登在《政治生活》《中国工人》《向导》《京报》等报刊上，其中刊登在《政治生活》上的就有 50 多篇。他写的文章深受群众特别是青年读者欢迎。《救国时报》曾称颂道："赵先生为有名的北方政治评论的主编，其言论风采为一般革命青年所景仰，赵世炎之名遂扬溢于全国。"曾和赵世炎在一起工作的同志回忆说："赵世炎同志能说能写能干，既是一个理论家，又是一个实践家。"

吴玉章在《忆赵世炎烈士》中这样写道："1927 年大革命失败，他献出了宝贵的生命。他参加政治生活的时间虽然这样短促，但从他生命里放射出来的光和热，却永远温暖着工人阶级和一切劳动者的心，永远照耀着革命人民前进的道路。……赵世炎烈士虽然与世长辞了，烈士的精神是不朽的！每当春暖花开的时候……想起烈士英雄的事迹，无不肃然起敬。他永远活在人民的心中。"

周恩来、邓小平与重庆文化

□艾新全①

重庆是一座有着悠久历史和光荣革命传统的历史文化名城。这里不仅是老一辈无产阶级革命家刘伯承、聂荣臻、杨尚昆的故乡，还涌现了杨闇公、赵世炎、万涛、江竹筠等革命先驱。土地革命时期，三大主力红军在重庆留下了光辉的战斗足迹；全面抗日战争时期，以周恩来为首的中共中央南方局在重庆进行了八年艰苦卓绝的斗争，培育形成了光耀千秋的"红岩精神"；解放战争时期，毛泽东亲赴重庆谈判，为和平民主做出了不懈努力；中华人民共和国成立之初，以邓小平为首的西南局驻重庆，领导人民进行新民主主义革命和经济的恢复发展，开辟了西南工作的崭新局面……今天，笔者想主要谈谈周恩来和邓小平这两位伟人与重庆文化的发展。

周恩来与重庆抗战文化运动

全面抗日战争时期，在周恩来和中共中央南方局的领导下，我党注意团结来自全国各地的文化机构和爱国人士，形成了广泛的文化统一战线，

---

① 作者系中共重庆市委党史研究室副巡视员、二处处长。

推动重庆抗战文化运动迅猛发展，使重庆抗战文化在宣传抗战、振奋民族精神，荟萃文化精英、传承中华文明，宣传团结进步、促进民主运动和广泛开展对外文化交流等方面，发挥了巨大作用。

1939年1月，中共中央南方局在重庆成立，周恩来任书记。为了加强对国民党统治区抗日文化运动的领导，南方局成立了文化工作委员会（后又称"文化组"）。周恩来长期直接地领导了文化工作。他以自己在政治上的远见卓识、在群众中的威望和深入细致的工作及平易近人的作风，把文化界广大人士团结在党的周围，壮大了统一战线，为重庆抗战文化运动的开展奠定了坚实的政治基础。在周恩来的领导下，《新华日报》广泛深入地宣传党的方针政策和抗日主张，宣传八路军和新四军的抗日战绩和抗日民主根据地的成就，反映国统区广大人民群众的呼声，支持一切进步事业和国际反法西斯斗争，为推动重庆乃至整个大后方的抗战文化运动发展起到了重要的导向作用。

全面抗战爆发后，大批文化人士和文化机构西迁入渝，迅速掀起抗战文化热潮，使重庆抗战文化发展迅猛，将大后方抗战文化发展推向高潮，重庆也因此成为战时中国的文化中心。其间，在周恩来和南方局的领导下，通过中华全国文艺界抗敌协会、中苏文化协会，尤其是国民政府军事委员会政治部第三厅和文化工作委员会等合法组织，广泛团结文化界的人士，深入开展文化运动和广泛的抗日民主运动；引导和支持学术理论界开展学术研究；积极宣传马列主义、毛泽东著作，批判封建法西斯反动理论和唯心主义的世界观，从而使得重庆抗战文化运动高潮迭起，空前繁荣。在整个重庆抗战文化运动中，第三厅和文化工作委员会成为重庆乃至中国抗战文化的生力军和战斗堡垒。第三厅从1938年12月移驻重庆到1940年10月被改组为文化工作委员会，其人员不仅包括了文学艺术上的代表人物，而且涵盖了科技、哲学、历史、教育等领域的知名人士，如著名作家沈雁冰、胡风、舒庆春，教育家陶行知，历史学家邓初民、翦伯赞，自然科学家卢于道,等等。他们编写各种宣传品,出版通俗易懂、生动形象的宣传书刊,如《抗战小丛书》《抗战文艺》《抗战壁报》《敌情研究》等,举办各种演讲会、座谈会,持续不断地开展大规模的文艺演出活动。1938年10月和1940年10月,先后举办了两届戏剧节,持续时间分别达数十天,有500余名戏剧工作者、1000余名业余戏剧爱好者参加了演出活动。戏剧节采取盛大的街头演出形式,数十支演出队同时出动,观众达数十万人,盛况空前。从1941年到1945年,在文化工作委员会的领导下,连续5年举办了"雾季公演",每年都有数十出话剧搬上舞台。据统计,全面抗战时期共有50多个剧社(团)在重庆演出,演出话剧1200余部。这一系列活动,对于揭露日军的残暴行径、激发人们的爱国热情、增强战斗意志、宣传团结进步、巩固抗日民族统一战线起到了无可替代的作用,对整个大后方的抗战文化运动产生了深远影响。

抗战时期重庆的知名文化人士大多为非党进步人士,为争取团结他们,充分发挥他们的聪明学识,使之为中国的抗战事业和民主进步事业服务,周恩来不遗余力、细致周到、体贴入微,真正做到了政治上引导、学术研究上鼓励、工作上支持、生活上关心、危难时刻尽全力救助,使许多文化人士深受周恩来人格魅力的影响而同情中国共产党,投身到革命洪流中,成为抗战文化运动的生力军。在政治上,周恩来坚持"扶持进步势力,争取中间分子"的原则,对文化战线的朋友爱护有加、充分尊重。在学术研究上,周恩来对文化学术界的朋友予以充分鼓励和热情帮助。在进步文化人士陷入危难时,全力救助,保护了大批文化精英。全面抗战时期,由于战时首都的地位优势,重庆成为大后方各种文化机构最集中的地区之一和中国文化人士的云集之地。这些机构和文化精英移居重庆,为重庆这座内陆城市带来了空前的活力。在中共中央南方局和周恩来的影响下,重庆的文化活动之频繁、文化样式之丰富、大众参与热情之高涨,前所未有,真正形成了一道坚不可摧的抗日文化统一战线。

邓小平与重庆现代文化的奠基

1949 年,邓小平与刘伯承、贺龙一道,率领人民解放军进驻山城,并主政西南。他们为百废待兴的重庆谋划发展、运筹帷幄,开创了重庆城市发展新的历史时期,"大礼堂""文化宫"等令世人惊叹的建筑先后拔地而起,为山城留下了一笔永久传承的文化财富。

刚解放的山城重庆,上百万人口集居在方圆不足 10 平方千米的半岛上,街道狭窄拥挤,整个市区只有一个"中央公园",也就是现在的人民公园。邓小平进驻重庆后,深感重庆市民群众的文化娱乐休闲场所太少。那时国民经济正逐步复苏,人民的生活日趋稳定,邓小平从更高层次考虑到人民群众生活的另一种需求,即群众对文化娱乐生活的需求。他多次强调:"要把丰富人民群众文化生活当成一件大事来抓,要让人民在节假日有休息游玩的地方。"

重庆作为西南地区党政机关的驻地,机关用房需求量很大。当时在重庆有三级机关:一是西南局级机关,二是川东党委和行署的机关,三是重庆市级机关。在当时,大兴土木修建机关办公用房和工作人员住房,是不可能办到的。因此,重庆市委和市政府便将"王园"(原国民党四川省主席别墅)和"渝舍"(原国民党重庆市长杨森别墅)作为办公地点。在当时的情况下,能够容纳下大机关、交通又方便的地方,也只有这两处了。但是,在邓小平心目中,与机关用房紧张相比,人民休闲娱乐的事更为重要。他对重庆市委、市政府占用可供市民休闲游玩的花园别墅很有意见。在一次会议上,邓小平严厉地批评了当时的重庆市委领导。他说:"你们的群众观念哪里去了?这是脱离群众、忽视人民群众文化生活、缺少群众观念的官僚主义。那么大一个重庆市,连个公园都没有,你们居然把这么大片非常适合人民游玩的场所占了! 限你们搬出,一定还给人民,辟作公园。"正是在邓小平的坚决督促下,重庆市委、市政府积极设法另觅办工新址，进行搬迁，最终将这两处地方开辟为枇杷山公园和重庆市少年宫。

为了建设完善群众的文化及休闲娱乐设施，邓小平还提议修建重庆市劳动人民文化宫。他说："重庆是西南大区的首府，又是工业城市，有着庞大的工人阶级队伍，应该有一座具有一定规模、文化设施齐备、环境优美的文化宫来满足广大劳动人民的文化生活需要。现在重庆解放了，劳动人民翻身做了主人，打上了'肉牙祭'，但这还不够，还要让重庆人民打上'文化牙祭'。"为此，他亲自点将，让当时的重庆市第一书记兼市长曹荻秋担任修建委员会的主任，促成市里在建设资金十分紧张的情况下挤出130亿元（旧币）资金，组织人员在中山二路原川东师范学院旧址修建了文化宫，并为文化宫题写了宫名。

重庆虽曾作为抗战时的陪都，却没有一个能容纳上千人的活动场所。1950年，我国西南大行政区党政军首脑机关设于重庆，重庆因此成为西南地区的政治经济文化中心。为了满足西南地区召开各种大型会议，以及满足广大干部职工宣传教育和开展各项社会集体活动的迫切需要，1951年，邓小平与刘伯承、贺龙等果断决定，立即筹建一座能容纳数千人集会的大礼堂并附设一个招待所。从1951年决定修建大礼堂开始，邓小平和贺龙就十分关注这一工程的建设，亲自参与审定有关选址、规划、设计、资金等主要工作。1951年6月，大礼堂破土兴建，经过近3年，于1954年4月竣工落成。在大礼堂交付使用前夕，有关领导决定，不搞剪彩等仪式，而是将其免费对社会开放3天，让广大市民参观。1954年4月5日，朝鲜人民访华代表团在新落成的大礼堂进行报告和文艺表演，大礼堂正式启用。

时至今日，重庆市人民大礼堂已成为重庆市举行各种重大会议和大型活动的重要场所。她象征着这座城市，也承载着这座城市几十年的风云变幻；她不仅是重庆的，也是世界建筑的经典之作。

聂荣臻在长征中的执行力

□ 聂　聆①

八十多年前,举世闻名的红军二万五千里长征,是中国革命史上的奇迹、世界军事史上的壮举。沧海横流,方显英雄本色。长征中,在国民党反动派围追堵截和重重封锁的形势下,在处于相对弱势且装备极差的情况下,在环境险恶和衣食奇缺的条件下,聂荣臻实事求是,顾全大局,严守纪律,坚持民族团结,一切从实际出发,坚决贯彻执行党的方针决策,率领红军战胜了一次又一次困难,取得了一个接一个胜利。

执行中共中央决定,坚定不移地支持和维护毛泽东的正确领导

1935 年 1 月,中共中央在遵义召开会议。会上,聂荣臻、王稼祥等坚决拥护毛泽东,对李德的错误指挥进行了尖锐批评。遵义会议确立了毛泽东在党中央和红军中的最高领导地位。会议接受了聂荣臻、刘伯承"打过长江去,到川西北建立新的根据地"的建议。

遵义会议后,为了摆脱国民党反动派的围追堵截,毛泽东写下了他的"得意之笔",率领红军四渡赤水,突破敌人的包围圈。但灵活巧妙的迂回

---

① 作者系聂荣臻元帅陈列馆办公室主任。

穿插,使得红军将士疲惫不堪。杨尚昆回忆这段历史时讲道:"部队行军作战真走得很苦,两条腿都走痛了,有的人连爬都爬不动了。"面对这样的艰苦环境,作为红一军团军团长的林彪开始抱怨:"我们走的尽是'弓背路',这样会把部队拖垮的,像他(指毛泽东)这样的领导指挥还行?"对林彪的这种指责,聂荣臻进行了坚决抵制和批评。

红军到会理时,林彪又提出撤换毛泽东的军事指挥权,聂荣臻当即予以严肃批评,说:"我们的军队是党的军队,不是个人的军队,谁要造反,办不到!"后来林彪又写信给中央,要求毛、朱下台,并让聂荣臻签字,遭到拒绝。毛泽东在会理会议上批评林彪:"你是个娃娃,你懂得什么!"

1935 年 6 月,红一、四方面军胜利会师。两河口会议后,张国焘分裂党和红军,顽固推行南下的错误方针。聂荣臻耐心说服、劝告张国焘,与之进行了一系列的坚决斗争。8 月,在毛儿盖会议上,聂荣臻完全拥护毛泽东在会上所作的报告,认为张国焘西渡黄河,深入青海、宁夏、新疆地区的主张是错误的。9 月,聂荣臻在俄界会议上表态,完全同意中央对张国焘分裂事件的处置意见。

执行铁的纪律,打造一支亲民爱民、战无不胜的钢铁之师

1935 年 2 月,在红军二占遵义的战斗中,聂荣臻奉命追击国民党吴奇伟部溃败部队。当时天色已黑,部队打了一天仗,指战员们都很疲劳,加上两餐饭没有吃,全都疲惫不堪。聂荣臻动员说:"我们没有吃饭,敌人也没有吃饭。我们疲劳,难道敌人不是比我们更疲劳吗?我们一定要乘胜追击,把敌人赶到乌江去喝水!"在追击中,部队始终保持了锐不可当的势头,一鼓作气追到乌江边。是役,消灭吴奇伟部 93 师大部、59 师一部和王家烈的一些部队,成为红军长征以来打的最大一次胜仗。

四渡赤水后,红一军团在一次宿营中,军团部的几个警卫员杀了土豪的一头毛驴,炸辣子驴肉。驴肉炸好了,他们给军团的几个领导人都送去

一块。聂荣臻对几个警卫员进行了严肃的批评，说："你们知不知道这是违反政策的？"警卫员不大服气，说这是土豪家的毛驴。聂荣臻说："虽然是土豪家的，我们也不能杀着吃，应该分给老百姓！"

红军在那样艰难和恶劣的环境中，正是因为有着铁的纪律，才能够形成一股铁流，而不致溃散。

执行民族政策，彝海结盟打通北上道路，红军顺利通过彝族区

1935 年 5 月，红军先遣队占领冕宁后，立即打开监狱，放出了被国民党统治者当作人质而关押的彝族首领，从而为红军通过彝族地区打下了良好的基础。部队开进大凉山时，红军向彝族人民宣传中国共产党的民族政策，表明了借路北上的意思。刘伯承、聂荣臻向彝民首领小叶丹宣传彝、汉一家，一起打反动派的思想，然后与小叶丹谈判。

5 月 22 日，在山清水秀的彝海边，刘伯承与小叶丹举行了中国革命史上著名的"彝海结盟"仪式。红军授予小叶丹"中国彝民红军沽鸡支队"旗帜，小叶丹派向导为红军带路。红军在彝族人民的帮助下，顺利走出凉山彝族地区，摆脱了国民党部队的追击，直达安顺场，为红军大部队顺利过境创造了条件。

长征的胜利，是中国共产党的胜利。聂荣臻等老一辈无产阶级革命家所表现出来的有效执行力，正是共产党人先进性的集中体现。

严颜考略

□陈仁德①

严颜之史料

严颜在陈寿《三国志》中无列传,仅附见于《三国志·张飞传》中的有关记载,文字非常简略:"(张飞)至江州,破璋将巴郡太守严颜,生获颜。飞呵颜曰:'大军至,何以不降而敢拒战?'颜答曰:'卿等无状,侵夺我州,我州但有断头将军,无有降将军也。'飞怒,令左右牵去斫头,颜色不变,曰:'斫头便斫头,何为怒邪!'飞壮而释之,引为宾客。"

常璩的《华阳国志·公孙述刘二牧志》也提及严颜:"入巴郡。巴郡太守巴西赵筰拒守,飞攻破之,获将军严颜,谓曰:'大军至,何以不降,敢逆战?'颜对曰:'卿等无状,侵夺我州。我州但有断头将军,无降将军也!'飞怒曰:'牵去斫头!'颜正色曰:'斫头便斫头,何为怒也!'飞义之,引为宾客。"

两段文字略有出入,但情节相同。最明显的差异是,《三国志》称严颜为"巴郡太守",《华阳国志》中"巴郡太守"为赵筰,严颜则为"将军"。成书

---

① 作者系中华诗词学会理事,重庆诗词学会副会长。

稍晚的《华阳国志》当有所本,否则岂敢擅改。任乃强先生在《华阳国志校补图注》中亦认为应该以《华阳国志》为准。

此外,《华阳国志·公孙述刘二牧志》还有一段文字提及严颜:"刘主至巴郡,巴郡严颜拊心叹曰:'此所谓独坐穷山,放虎自卫者也!'"

以上文字,就是严颜见于史书的全部记载。

《三国志》作者陈寿和《华阳国志》作者常璩都是四川人,他们笔下的严颜也是四川人。严颜的故事发生在建安十九年(214 年),过了 19 年,到蜀汉建兴十一年(233 年),陈寿出世。陈寿出世时,严颜应该去世不久。而陈寿去世时,常璩已经 7 岁。从严颜到陈寿再到常璩,时间相距都不很久远,可以推测,陈寿的时代,许多和严颜同时代的人还健在。常璩的时代,严颜同时代的人可能均已谢世,但是获得翔实可信的资料还是比较容易。因此,他们笔下的严颜应该是比较真实的。

又过了一千余年,《三国志通俗演义》(下称《三国志演义》)的作者罗贯中出世,他在《三国志演义》中根据前述史料对严颜的故事进行了再创作,形成很深远广泛的影响。明朝以后,人们对严颜的认知,多半是从《三国志演义》中来的。

严颜之影响

但是,在《三国志演义》问世之前,严颜的巨大影响早已存在,兹举数例于后。

唐代贞观八年(634 年),严颜的故乡临江郡改名忠州,乃因该地"地边巴徼,意怀忠信",出现过巴蔓子、严颜那样的忠勇之士。北宋王辟之《修夫子庙记》、南宋王象之《舆地纪胜》、明代曹学佺《蜀中名胜记》、明代陈秉彝《禁土主赛会记》等,皆持此说。古郡易名是极慎重之事,此说应可置信。同时,唐王朝还追赠严颜为"壮烈将军"并追封忠州刺史。

唐代安史之乱时的忠义之士张兴,其壮烈之举几乎是严颜的再现。

据《新唐书·张兴传》："张兴者,束鹿人,长七尺,一饭至斗米,肉十斤,悍趫而辩,为饶阳裨将。禄山反,攻饶阳……兴摄甲持陌刀重十五斤乘城。贼将入,兴一举刀,辄数人死,贼皆气慑。城破,思明缚之马前,好谓曰:'将军壮士,能屈节,当受高爵。'对曰:'昔严颜一巴郡将,犹不降张飞。我大郡将,安能委身逆虏?今日幸得死……'思明怒,锯解之。"

北宋大文豪苏轼、苏辙兄弟过忠州,双双写下了凭吊严颜的诗篇。苏轼《严颜碑》诗云:"……严子独何贤,谈笑傲碪几。……何人刻山石,使我空涕泪。吁嗟断头将,千古为病悸。"苏辙《严颜碑》诗云:"……相传昔者严太守,刻石千岁字已讹。严颜平生吾不记,独忆城破节最高。……临危闲暇有如此,览碑慷慨思横戈。"

南宋民族英雄文天祥在他著名的《正气歌》里将严颜奉为"哲人""典型","为严将军头,为嵇侍中血。……是气所磅礴,凛烈万古存。"

以上例子不多,但分量却极重,分别为中央王朝之诏令,正史《新唐书》之记载,大文豪与民族英雄之诗句。只需一例,便胜过许多野史杂记。

严颜是否投降

近年来,学界部分人对严颜颇有贬损之词,认为严颜虽然高喊"我州但有断头将军,无有降将军也",但在张飞的义气感动下,最终还是投降了,归根结底严颜还是"降将军"。

其实大谬!

此说所持证据乃《三国志演义》中所描述:"群刀手把严颜推至。飞坐于厅上,严颜不肯下跪。飞怒目咬牙大叱曰:'大将到此,何为不降,而敢拒敌?'严颜全无惧色,回叱飞曰:'汝等无义,侵我州郡!但有断头将军,无降将军!'飞大怒,喝左右斩来。严颜喝曰:'贼匹夫!砍头便砍,何怒也?'张飞见严颜声音雄壮,面不改色,乃回嗔作喜,下阶喝退左右,亲解其缚,取衣衣之,扶在正中高坐,低头便拜曰:'适来言语冒渎,幸勿见责。吾素知老将军乃豪杰之士也。'严颜感其恩义,乃降。"

上述只是演义,并非正史。《三国志演义》中的许多情节,比如温酒斩华雄、三英战吕布、张飞鞭督邮等精彩情节,都是虚构的。同理,严颜投降亦属虚构,不足为据。

我们来看正史《三国志》和《华阳国志》是如何记述这一情节的。

《三国志》称"飞壮而释之,引为宾客",《华阳国志》称"飞义之,引为宾客"。这里有两点值得注意:一是"飞壮而释之"或者"飞义之",都只是张飞单向的主动作为,并不代表严颜有什么作为;二是"引为宾客",关键词是一个"引"字,依然是张飞单向的主动作为,"引为宾客",也只是说张飞对严颜以礼相待,将其当成宾客而已。张飞单向作为后,严颜有何反应,是否互动,并不见于记载。不能因为张飞的"义释"就推出严颜必然投降的结论,义释和投降相去何止万里。总之,正史中只见严颜的大义凛然、视死如归,而不见严颜投降,即使"引为宾客",也不是投降,严颜依然无愧于"断头将军"的称号。

还有一种说法是,既然严颜没有投降蜀汉,后世怎么称之为"蜀汉壮烈将军"?笔者对此的理解是,凡是跨越两朝的人,其断代均靠后,这里的蜀汉是指时代而非政权。而且"壮烈"二字恰恰证明严颜为"断头将军"而非"降将军"。

张飞义释严颜后,严颜还有什么活动?他是怎么死的?正史无一字记载。有一种说法是,建安二十四年(219年)严颜得知刘璋死讯后,为报故主之恩拔剑自刎。此说有明显的演义痕迹,就笔者浅学所及,尚未找到可靠出处,此说似不足信。

严颜故里遗迹

严颜是东汉临江人,临江即今重庆市忠县。忠县老城之东有严颜故里,树有"蜀汉壮烈将军严颜故里碑"。《忠县志》(1944年陈德甫先生撰,下同)载:"蜀汉壮烈将军严颜故里碑在东门外严家桥,清同治十二年知州庆征立。石高约一丈、阔三尺。乌程邱宝德书,隶字体,字大约一方尺,旁书小字约三方寸。笔势古朴遒劲,拓者甚众。今渐剥缺。"笔者少年时经常瞻望此碑,印象极深,至今犹历历在目。"文革"时,此碑与忠县众多文物被毁。

严家桥又叫严颜桥,《忠县志》载:"严颜桥,桥建于东涧上。相传为汉严颜故里,故名。桥阔一丈,长约五丈有奇,望之俨若长虹。"桥上历代文人题咏甚多,比较著名的有明代舒容《严颜桥》:"城东流水响潺潺,构屋横遮碧玉环。忠郡几番更太守,桥名依旧匾严颜。挥毫有客工吟咏,乘驷何年任往还。千载忠魂昭不泯,独留壮烈在人间。"清代黄之骥《严颜桥》:"白沙翠竹映清渠,壮烈将军此旧居。一语断头能就刃,几人题柱欲停车。依刘已引穷山虎,扶汉终看得水鱼。万古巴台同不朽,忠忱长与卫州间。"

忠县为了纪念严颜,还将一条街命名为"严颜路",《忠县志》载:"严颜路,治城下南门外沿半边街直抵严颜碑,至马王庙止。"

严颜故里与严颜桥、严颜路,在三峡工程蓄水后,已全部被江水淹没,其方位在今忠县滨江路之下江底。

至于近年一些人将忠县乌杨镇将军村宣传为严颜故里,则纯属无知炒作,可笑之至。将军村只是将军墓所在,与严颜故里毫无关系。

严颜墓之真伪

忠县乌杨镇将军村有严颜墓,《忠县志》载:"蜀汉壮烈将军严颜墓在治西南二十里乌杨镇将军溪。明万历中知州尹愉重修,清道光五年知州吴友篪又重修,有记,是时墓碣犹有汉严二字可辨。"

关于严颜墓,吴友篪重修时就已经有了两种说法,其《重修严将军墓记》称:"闻巴州有严将军墓,州民奉祀惟谨。"巴州即今四川省巴中市,亦有严颜墓。吴友篪并没有武断判定忠州墓与巴州墓之真伪,他认为:"忠

(州)为将军故里,生于斯,讵必哭于斯,则巴州有严将军墓,信也。"又说:"(忠)州南二十里将军溪,有严将军墓在焉。溪以将军传,访诸父老,墓为前明尹刺史愉所修,今墓前石碣犹存'汉严'二字可考。或者严氏之祖若父葬于此,未可知也;或将军之子若孙奉衣冠葬于此,亦未可知也。"他主张"两说则两存之,谓信以传信可也,谓疑以传疑亦可。

除了巴州严颜墓之外,四川仪陇也有一座严颜墓。嘉庆《四川通志》载"严颜墓在(仪陇)县东南",《大清一统志》亦称"蜀汉将军严颜墓在仪陇县"。《忠县志》在提到仪陇严颜墓时采取了慎重态度,称:"未敢臆断。想忠、仪两地,必有其一为衣冠墓者。"

与仪陇相邻的四川蓬安,也有一座严颜墓。《舆地纪胜》载:"严颜墓,……墓在(蓬安)州北三十里,绝崖上刻石为识。"

这样一来,就有了忠县、巴中、仪陇、蓬安四座严颜墓,到底谁是真墓呢?

对此,从清代吴友箎到民国陈德甫,均极慎重,因缺少证据,未曾断论。今天我们来考证这个问题,难度更大。

目前见于记载的四座严颜墓,出现的时间依次为,蓬安墓最早见于宋代,忠州墓最早见于明代万历年间(1573—1620 年,刺史尹愉重建),巴州墓确定建于明代崇祯十五年(1642 年),仪陇墓时间无考,大约与巴州墓同时。

这里有两点要指出:一是见于记载的时间并不等于建墓的时间,也就是说,记载在后的,可能建墓在前,只是记载无存而已;二是见于记载的早晚不能作为判断真伪的依据,最早的记载是宋代,那时离严颜去世已经八百余年了,严颜不可能等到宋代才下葬建墓。所有见于记载的墓都只能是重建。换言之,记载最早的不一定是真墓,反之亦然。所以,判断真伪不能以建墓记载为依据。

那么,怎么判断严颜墓的真伪呢? 可以肯定地说,目前没有任何一种方法可以绝对地判断真伪,最多只能做些推测。

总观四座严颜墓,忠县墓是真墓的可能性是存在的,理由有二。

其一,古人归葬故乡乃是传统礼法。古人若埋骨异乡,其子孙有不孝之嫌。"何必马革裹尸还"从反面证明了"马革裹尸还"是一种常态。历代典籍均有"归葬"的记载,如《史记·管蔡世家》:"悼公死于宋,归葬。"《后汉书·孝灵帝纪》:"孝文时,……皇太子引博局提吴太子,杀之。于是遣其丧归葬吴。"有少数死后埋骨他乡者,日后其子孙都会将其尸骨归葬故里。《后汉书·独行传·温序》载,东汉光武帝时的护羌校尉温序被叛将劫持,自刎殉节,葬于洛阳。其子温寿夜梦其父言"久客思乡里",遂将温序尸骨运回故里,葬于祁县祖坟。《后汉书·廉范传》中扶棺归葬的故事更为感人:"廉范字叔度,京兆杜陵人。……范父遭丧乱,客死于蜀汉,范遂流寓西州。西州平,归乡里。年十五,辞母西迎父丧。蜀郡太守张穆,丹之故吏,乃重资送范,范无所受,与客步负丧归葭萌。载船触石破没,范抱持棺枢,遂俱沉溺,众伤其义,钩求得之,疗救仅免于死。穆闻,复驰遣使持前资物追范,范又固辞。归葬服竟……"

"四剖丛刊·景明钞本"最有说服力的是,与严颜同为临江人且几乎同时代的文立。据《华阳国志·文立传》载,文立"少游蜀太学,专攻《毛诗》《三礼》,兼通群书。……以立为散骑常侍。……咸宁末卒。帝缘立有怀旧性,乃送葬于蜀,使者护丧事,郡县脩坟茔。当时荣之。"文立死在洛阳,距离临江何止迢迢千里,依然归葬故乡。《忠县志·茔墓》记曰:"散骑常侍文立墓。按常璩《华阳国志·文立传》……是立已归葬无疑。县人相传墓在治南文家溪。但历年过久,迄无确址可寻。"

严颜具体死于何时何地已无考,但死于四川应无可置疑,死地离临江不会太远,似应归葬故里为是。如此,则忠县墓为真墓的可能性极大。

其二,忠县乌杨镇严颜墓出土文物可以支撑这一观点。从 2000 年开始,考古工作人员在忠县乌杨镇将军村严颜墓一带进行了大面积的考古发掘，成果甚多。首先是轰动考古界的乌杨汉阙被确定为墓前阙，其次是发现了 30 座汉至六朝的墓葬及大量随葬品。墓葬的封土包和墓室的大小以及随葬品的精美程度，都显示着墓主人高贵的身份。据考古队队长李大地先生推断，这个墓群极有可能就是严颜及其族人的墓地。汉代的等级制度极严，没有高贵身份的人是不可能僭越等级在墓前树立巍峨庄严之汉阙的。彼时之临江人，具有此等身份之人唯严颜一人而已。何况这里从古到今都叫严颜墓，溪水叫将军溪，村庄叫将军村。忠县乌杨镇严颜墓为严颜真墓的可能性极大。

让李士棻在文学史上复活

——《天瘦阁诗半校注》序

□陈仁德①

重庆工商大学康清莲教授主编的《天瘦阁诗半校注》历经数年辛勤工作,终于付梓了,这不仅是巴渝文化界的一件大事,即使放到全国文化界的背景上来考量,也未尝不是一件极有意义的事情。其独特意义在于,李士棻这样一个险些被历史的尘埃淹没的天才诗人,将会在中国文学史上复活。笔者作为最先研究李士棻的人,为之欣慰有加,额手称庆。康清莲教授将作序的任务交给笔者,令笔者既感荣光,又愧汗不已,只有勉力为之,以报知己。

一

李士棻,字芋仙,别号二爱仙人、天补道人、童鸥居士,中年后"童鸥"又作"同沤",清道光元年辛巳腊月廿二日(1821 年 1 月 24 日)生于忠州(今重庆市忠县),光绪十一年乙酉八月初七日(1885 年 9 月 15 日)卒于上海。

李士棻的家乡忠州是历史悠久、文化灿烂之古县,其地忠臣良将辈

---

① 作者系中华诗词学会理事,重庆诗词学会副会长。

出，文人骚客不断，产生过巴蔓子、严颜、文立、秦良玉、高倬等人物，又先后有杜甫、白居易、陆贽、李吉甫、苏轼、黄庭坚、陆游等流寓其间。李士棻少年时代受忠县历史文化影响甚深。他从 12 岁开始写诗，20 岁时西上成都入读锦江书院。锦江书院是当时四川地区的最高学府，每年仅招正生 50 名。书院山长李西沤名惺，号伯子，乃一代大儒，李士棻在其门下受到系统而严格的训练，奠定了诗歌创作的基础。我们从他后来在京中所作《寄李宫詹西沤师》诗中可以看出他对李西沤的崇敬与感激之情："石室先生古大儒，早投簪组卧江湖。经师海右孙明复，文苑河东柳仲涂。壁立谁摩千仞峻，火传亲受一灯孤。远游徒结名山梦，何日归寻旧草庐。"与李士棻同时师从李西沤的蜀人王再咸（泽山）诗名亦佳，二人并称"王李"，从此结为终生知己。

道光三十年（1850 年），李士棻赴京应试，在京城遇到了对他一生产生重大影响的曾国藩。当时曾国藩为阅卷大臣，对李士棻之才华赞叹不已，亲列他为会试第一名。按理说李士棻参加下一步的廷试应该具有绝对优势，至少是进士，考中状元也不是没有可能。奇怪的是不知何故李士棻竟缺考。曾国藩为之深感惋惜，遂资膏火命游太学（即国子监，封建时代中国最高学府），从此李士棻终生师事曾国藩。

李士棻狂放不羁的性格此时已经十分明显。在以科举取士的时代，夺得全国会试第一名，无疑是天下莘莘学子的共同梦想，在此巅峰时刻，谁都不会放弃廷试让皇帝钦点状元的机会。而他居然缺考，可见其狂放已超乎寻常。

在京城的岁月可能是李士棻一生最风光的时代。他踌躇满志、意气风发，日日交游于翰墨场，周旋于王公巨卿之间。曾国藩此时赠给他的两首诗，成为他一生的骄傲：

巴东三峡猿啼处，太白醉魂今尚存。
遂有远孙通肸蠁，时吟大句动乾坤。
爱从吾党鱼忘水，厌逐人间虱处裈。
却笑文章成底用，千篇不值一盘飧。

劲翮摩空故绝伦，吹嘘曾未出风尘。
细思科第定何物，却是饥寒解困人。
大道但期三洗髓，长途终遇九方歅。
秋高一放脱韝去，看汝飞腾亦有神。

诗中对李士棻极尽褒扬，比之太白，称其“时吟大句动乾坤”。李士棻则对曾国藩充满感恩之情，其《恭送座主曾涤生师典试江西乞假归省四首之四》曰：“万里关河为客远，三年门馆受恩多。怜才直与前贤并，问字还期异日过。及事欧阳真厚幸，只惭无力到东坡。”他将曾国藩比为欧阳修，将自己比为欧阳修门下的苏东坡，“只惭无力到东坡”而已。

李士棻《题室中之旧书架》诗自注中，讲述了一段曾国藩的轶事：“予每得佳书于厂肆，必以进于师。曾湘乡师时来予之寓所，每见予案上精本，往往携之而去，且告予曰：好书岂可珍秘独享，多供馋眼，德莫大焉，亦为尔惜福也。”从这段文字可知曾国藩经常到李士棻的寓所去，且关系极为融洽，完全打破了师生间的拘束与礼节。

李士棻在国子监求学时拜识京师督学局徐稼生，深受其器重。徐稼生乃名重朝野之大儒，曾为李士棻寓所题写“不廉于书之室”匾额。李士棻、张之洞、杨子恂先后受业于徐稼生，并称为“徐氏门下三才子”。张之洞后来官运亨通，成为清廷重臣、中国近代史上里程碑式的重要人物，但当时却自叹不如，曾有赠李士棻诗曰：“昔者晁美叔，远不及东坡。同列欧门下，因之古谊多。”

当李士棻名震京师时，朝鲜外交家徐海观正好驻节中国。徐海观是一流的汉学家,对汉诗造诣极深,不让中华诸贤。徐海观闻李士棻大名,亦"诣君寓舍问起居,锦袍玉带作般辟拜,投缣赠纻,必乞其词翰以去"(王再咸《天瘦阁诗半序》)。李士棻晚年追忆,"与朝鲜故人唱酬寄答并前后书札计约可满四卷"。

二

李士棻在京城多年,除了赢得诗名外,在仕途上并无多大发展,生活也十分贫困,其中原因,当然是性格过于狂放。他自己也说"颠张世谬推书圣,狂李人俱唤酒仙。贫到一锥无地立,富争万户有诗传"。

此时曾国藩率领的湘军正在江西与太平军激战,而李士棻却终日在京城里诗酒风流。一天,老朋友易笏山(易佩绅,湖南龙阳人,亦与曾国藩为至交,官至江宁四川藩司)来他寓所与其大谈经天济世之道,见他手持一卷诗在独自吟咏,上前夺过掷于地,说:还看这个做甚,战事正急,快到曾先生军幕去吧。于是李士棻离开京城去投奔了曾国藩。

曾国藩幕府中聚集了一大批高级人才。据义宁陈三立《李士棻传》云:"未几,寇大起,国藩督师东南,遂为两江总督,士棻至为客。当是时,海内硕儒奇士辐辏幕府,言经世大略有李鸿章、彭玉麟、李元度,言性理政事有涂宗瀛、杨德乾、方宗诚、汪瀚,言黄老九流之学则有张文虎、汪士铎、刘毓崧、戴望、莫友芝、张裕钊、李鸿裔、曹熙湘之属。士棻遨游其间,无所侮然。"

但李士棻终是诗人本色,除了例行公务外,每日与人交往多是谈诗论文。他在《天补楼行记题词》中说:"予试吏江西,从军江左,则与廉昉太守续前明何李之盟,其时游于先师湘乡幕府,自廉昉及劼刚、栗诚二曾外,尝与予商榷诗事者则欧阳晓岑、吴竹庄、张啸山、莫子偲、李壬叔、徐懿甫、李眉生、钱子密、张廉卿、黎莼斋、姚慕庭、程伯敷、赵惠甫、刘开生、向伯常、邓伯昭、方子听十余人。"李士棻所举的十余人,无一不是当时闻名全国的诗人,所以幕府中的生活想来还是很富诗意的。

曾国藩攻克南京后,李士棻赋六诗相贺,诗中用了大量赞颂之词,如"大名神笔武侯齐,迅扫蚩尤雾不迷""天上玉书催奏凯,阵前铁骑捷如飞""功在河山身欲退,帝褒智勇世谁知",同时李士棻也没有忘记重提他们的师生之情:"吾师心迹吾能说,舒卷闲云在绛霄""廿年门馆荷恩长,趋府从容礼数忘。骥尾幸附东国某,马头重拜北平王。……不付勋名付文字,千秋衣钵受欧阳"。

在攻克南京的战役中,曾国藩弟国荃立有大功,而国荃与李士棻亦交厚,李士棻集中多有唱酬之作。在南京时,曾国荃曾赠李士棻长剑一柄,并招李士棻与幕府诸君登楼会饮。李士棻《奉酬沅甫九丈招同幕府诸君登楼会饮二首》有云:"何幸元戎平巨寇,偈来胜地附嘉宾。九秋茱菊供高会,六代江山净战尘。"此时的李士棻依然"不改书生旧日狂","喜为才语成谐史,戏罚深杯王醉乡"。不久,曾国荃乞假还乡,李士棻作送别诗四首,"……行年四十成功退,潞国汾阳羡此人",并与曾国藩一道送国荃至江边。

三

自知不宜为官的李士棻,在昔日的同僚都做了朝廷大官后,也先后当了东乡、临川、南城、彭泽四县的县官。

为彭泽令时,李士棻心中颇为欣喜,因为自陶渊明后,彭泽一直是"千古诗人之地",他"捐俸买屋为诸生肄业之所,署其门曰五柳书院,题其堂曰耸壑昂霄"力倡读书,彭泽在洪杨之乱之后出现了"十户人家九读书"的景象。李士棻晚年回忆这段往事颇为自得:"棻在任时正当乱后,息讼缓征,日求庠中人与谋乡学,数月之间城厢内外亦遂有书声盈耳矣。"

为东乡、南城县令时,李士棻亦甚注重倡导读书,"在东乡修复汝东书院,为艾先生之后立祠,朔望行香与诸生说先生文章风节,辄流涕以悲";

"初抵南城即率书院诸生拜盱江先生墓,正议捐俸兴修为每年奠醊地,旋以禁止派捐被诉,去任"。

平生喜读书的李士棻可算为官一任,兴学一方,以今天的眼光视之,亦是远见之举。他在南城的弟子饶从五后来举进士第,涂少元以名解元成进士,便是对他的回报。办学之外,他也不是完全不理政事,事实上他是勤政的:"粮外派捐保甲钱,分充私囊十余年。便干群小耽耽怒,革弊粗伸县令权。"可见他为了减轻百姓负担,还勇敢地进行了一些改革,可惜不能为时政所容,"旋以禁止派捐被诉,去任",实在可惜。

在临川,李士棻遇到了当时最难办的事,那就是教案。陈三立《李士棻传》谓:"耶稣教民数犯法,自诩西教隶于领事,至县庭公与抗礼,县令因莫敢治。士棻传讯,置书架二纵横庭中,教民疑惧,谓其十字架也,仓卒屈服。士棻遂按其事立置于法,士民悦服。"从这段文字可见李士棻的机智与谋略,并非仅仅舞文弄墨而已。

"只手偏思扫异端,忍将人命博人欢。一堂儿女吾儿女,哭煞临川父母官。"这首诗真实地道出了李士棻当时的心情。多年后李士棻忆及临川教案时说:"临川教案棻为民请命,民教至今相安。"

李士棻最终还是在临川丢了官,据他自己说是"位于上者有二人嫉予,百计陷害。予署四邑,及办临川教案,吃亏忍辱,终有头绪,因之誉望日隆,上峰阳为称许,阴实趁交替之机劾之。此二人声迹甚劣,乃亦先后罢去,知天道不容也。"此二人为谁?据黎庶昌所作《清拔贡生李士棻墓志铭》称,其一为江西巡抚刘秉璋,李士棻"赴江西为官数年,为临川钱粮空缺案,与巡抚使者刘公秉璋当堂争论,言语侵辱,刘公不堪,遂劾君状,罢江西。"这件事在陈三立的《李士棻传》中是这样记述的:"临川,壮县也,然士棻不名一钱,比解任,稍负逋课。布政使雅闻士棻名士,滋不悦,谓人曰:恶有名士而能廉者乎。及见,语侵士棻。士棻抵冠于地,攘臂趋出,由是劾罢。"以李士棻的傲骨与狂放,是难以容忍刘秉璋的"批评教育"的,

"抵冠于地,攘臂趋出"八字,活画出李士棻当时的神态,真狂士也。刘秉璋后来改任四川巡抚,闻李士棻病逝于上海,以为忠州老家有许多积蓄,派人前去抄家,谁知李士棻一生两袖清风,家中未置一物,此是后话。

罢官之后李士棻卜居南昌:"八口将安寄,南昌且卜居。……转徙成流寓,飘摇失旧庐。"他心境很悲凉,回首半生风云颇多感慨,其《南昌旅舍病中杂感》云:"十载高吟动帝城,一官遂削旧诗名。悲欢已悟前尘幻,宠辱俄从末路惊。事到难言惟有泪,身将安往欲无生。眼中不少怜才者,半是当年阮步兵。"在南昌这段时间,他多次寄诗给曾国藩,诉说心中的感伤,同时也希望能有机会再追随曾国藩。但事实上,此时的曾国藩已顾不了他,因为曾国藩自己也快走到生命尽头了。

曾国藩的去世是李士棻最悲痛的事。李士棻回忆起从京城拜识直到攻克南京后相别于扬州,感慨万端,一口气赋五律 24 首追哭曾国藩,其一为:"送至扬州返,师生一世终。后先书屡寄,中外事无穷。自泣颓梁木,长期哭殡宫。浮湘犹未得,泪雨洒江风。"

李士棻在南昌前后约 10 年,期间多数时间是和江西的诗界名流往还,但从集中存诗看,此时期的创作较其他时期有所减少,大概是情绪低落的原因。

四

光绪六年(1880 年),李士棻流落到上海,直至去世,他的主要活动都在上海。上海成为他自京城、江西之后的又一主要活动地区,他的诗歌创作,在此进入又一高峰期。此时的上海已沦为殖民地,许多新奇的事物使他大开眼界,也拓宽了他的创作领域。上海荟萃了许多一流的名士,他跻身其中成为翘楚。当时的《申报》总编钱昕伯(雾里看花客)与他成为莫逆,李士棻的作品在《申报》先后发表了 200 余首,"论者以为汪洋恣肆不减杜甫,以'小杜'目之"。

初到上海，李士棻即以《远游》四首引起诗坛轰动，"四乡朋好屡寄书问，并和予远游四律凡百余首"。邹弢在《三借庐笔谈》中称"芋仙诗中有奇气"，即举《远游》为例："林田轻掷等鸿毛，便受饥驱敢告劳。旅伴独携三尺剑，侠肠终类五陵豪。重攀白下当初柳，一看元都去后桃。遥计陶然亭子上，到时佳节趁题糕。""临歧更触故乡情，爱惜初心有此行。敢倚文章留重价，全抛福力换虚名。怜才泪足流无尽，感旧诗多记不清。香火因缘湖海气，未应前路少逢迎。"

这时有一段轶事堪称佳话。出使美国的外交家、名诗人黄遵宪（公度）在美国知道了李士棻的窘况，竟从美国寄来四金，"交芋老为一醉之赀"，且附言"虽素未谋面，而叹慕芋老已非一日，当不以唐突见却也"。李士棻十分感动："仆游于名场凡五十年，遍交九州内外人士，投桃报李无日无之，未有一面未亲寄赀助饮雅如公度者。"当即赋诗寄美国致谢："老名士有值钱时，惭愧虚声海外驰。叔度汪洋千顷量，谪仙烂漫百篇诗……"

李士棻孤身在沪，其妻小尚在南昌，以李士棻的潦倒，是无力养家活口的。曾国荃念旧情，暗中资助南昌李士棻妻小。李士棻《寄谢张子衡廉使》自注："顷得吴邵之由江西来书，言沅甫九帅属衡老月致廿四金佐予江寓日用，可免内顾忧，感甚。"

关于李士棻此时和曾国荃的关系，从其《奉怀曾沅甫九丈》诗中得知："闻九丈防御山海关，棻由江至沪，附海舶次天津，陡患伤寒返沪就医。"士棻原欲经天津赴山海关见曾国荃，但在天津突患伤寒，便返回了。恰好李鸿章正驻天津，他曾以二诗相投（《天津旅舍病小愈赋投合肥李爵相二首》），此时李鸿章炙手可热，是否理睬老朋友李士棻就不得而知了。

早在京师时，李士棻即与京中名伶杜芳洲（蝶云）相爱，李士棻时值英年，常是一掷千金为杜芳洲捧场。之后辗转江湖不复相见。李士棻流寓上海时，杜芳洲亦寓居上海，距当初分别已30年。垂老重逢，却旧情如故，李士棻无所依，索性寄寓于杜芳洲家中。黎庶昌《清拔贡生李士棻墓志铭》谓："初，君在京师放纵诗酒，与伶人杜蝶云者昵。及是，蝶云亦老，流寓沪上，仍倚歌曲为生涯。君之一二故人，始颇数数资给君，君挥霍不顾，金入立尽。久之无继，落魄甚，依蝶云以居。蝶云奉君三年，无失礼，斯足以愧天下士矣。"邹弢《三借庐笔谈》所记与之相类，可互为佐证："君为人行侠仗义，挥金如粪土，苏州某方伯赠金二千，一月即尽。京师时，爱优伶杜芳洲，动辄费千金。或劝君稍加节制，然君不愿。近来罢职，落拓上海，犹豪荡如昔。而芳洲此时已有名声，乃罄囊相报。"

令人有些尴尬的是，杜芳洲乃是男性，为此笔者曾做过认真考证，撰有《李士棻笔下的杜芳洲之性别认定》。杜芳洲为一代名伶，近代京剧旦行大师王瑶卿就是师从杜芳洲学习刀马旦。而京剧四大名旦梅兰芳、程砚秋、尚小云、荀慧生，无一不出自王瑶卿门下，按辈分都是杜芳洲的再传弟子。在杜芳洲的时代，即同治时代，旦角都由男性扮演，女性扮演旦角才开始尝试。为了最终确认杜芳洲的性别，我通过文友关系辗转请教了当今著名戏剧研究家、中国戏剧出版社资深编辑曹其敏先生。曹其敏先生明确回复："杜蝶云系杜步云之弟，同治时期生人。杜步云系'全福'昆腔班（晚清著名王府班社）创建人。"我也知道清末文场中同性恋并不鲜见，用现在的话来说"是可以理解的"，发生在颓废文人身上的这种癖好，自有其存在的理由。但这一考证结果还是有些损害我心目中的李士棻形象。

五

光绪十年（1884 年）春，上海大雪，奇寒难当，李士棻被冻伤左足，痛不可忍，急返南昌寓舍疗养。湘潭名士吴邵之往访，见"君养疴斗室，闭门煮药，药气袭人。床不帐，惟有书，君露跣卧书中，首足臂左右书凌乱，累积连屋，诗稿掺杂纵横。君需人扶掖，不能出户顷步。"但即使到了如此地步，李士棻仍"日夕吟哦，声达于涂巷"。

在病榻上，李士棻思念平生交游之名师益友，作《灵会卧游诗百廿六首》，追忆天涯海角之故人，"诗中用意遣词，皆求曲肖其人"。吴邵之《李士棻刺史卧游诗序》称："一日予过君，君喜曰：子来甚佳，我顷得怀人诗十首，非子莫可商定。……越三日，君缄告曰怀人诗增至六十余首矣，子盍来读之。予未即往，及往，则君于前一夕续成五十余首，已百廿六首矣。予惊叹曰：神勇一至此哉。"吴邵之记李士棻写诗时之神态甚详："予移坐就君榻，一婢子秉烛侍，君仰卧操纸，悬腕写纸飒飒有声，且写且吟曰：此玉溪生也，子意何如？……君以手击床呼老妇曰：我不病足矣，速为吴先生具时蔬下酒。"其如痴如醉之状如在目前。

《灵会卧游诗百廿六首》十余天即完成，充分显示了李士棻炉火纯青之功力，这是他的重要作品，因篇幅有限，举例从略。

病中的李士棻赋诗怀念故人，在上海的朋友也念着他，由于音讯不通，上海误传他已去世，很多人都写了诗来悼念他。消息传到日本，老友黎庶昌（时任中国驻日本大使）竟含泪为他写了《清拔贡生李士棻墓志铭》，朝鲜驻日本大使徐秋堂（徐海观之子）亦大恸，为之设祭，持朋友之服。而这一切李士棻全然不知。

《申报》总编钱昕伯一日忽接李士棻江西来信，大惊，始知李士棻尚在人间，喜而赋诗："樱花初绽柳花残，闻说东坡骨已寒。才大易遭流俗忌，书来几作古人看……"李士棻听说了误传噩耗的事，觉得很有趣，赋诗云："竟偿诗债死何辞，此日还非债满时。……题遍九州吾始去，玉楼长吉漫相思。"

大约在回南昌的当年年底，李士棻足伤痊愈重返上海。腊月廿二日，他在上海度过了65岁生日，钱昕伯等朋友在聚丰酒楼为李士棻设宴。李士棻即席赋诗："又从黄浦醉生辰，大好年光正立春。开径喜来三益友，过江曾睹一流人。"诗成后满座传看，群起唱和，各有佳句："肯为斗升侪俗吏，久从湖海说诗人。""一官进退非天命，大句乾坤已不贫。""沪渎于今如故里，船山以后见斯人，真能好色原非病，绰有多才不算贫。"

光绪十一年(1885 年)八月七日,李士棻病逝于上海。其《自悼》诗曰:"颓唐不恤赋风怀,双袖龙钟泪倦揩。万事向衰无药起,一身放倒听花埋。黄昏已近斜阳好,白首同归若个偕。十九寓言三致意,自伤自忏自营斋。"

人之将死,其言也哀!

六

李士棻一生视诗为命,从 12 岁开始写诗直到去世,从未中断。他自述:"自道光甲午至光绪甲申秋,五十年中,手稿遗十之四,删十之六,姑存其半,得古今体诗一千六十六首。"早在同治二年(1863 年)四月,挚友王再咸就为他撰写了《天瘦阁诗半序》,只是由于经济拮据一直未能结集出版。直到时隔二十二年后的光绪十一年(1885 年)四月,他才终于在朋友徐子静资助下实现了愿望,用活字印刷出版了《天瘦阁诗半》六卷凡五百部。当年晚些时候又出版《天补楼行记》一卷一千部,收诗约 200 首。此两种集子皆藏上海图书馆。另有选本《天瘦阁诗存》(上下卷)印数不详,何栻(廉昉)作序,现存四川大学图书馆。

李士棻 30 多岁就已经诗名传遍天下,王再咸在《天瘦阁诗半序》里说:"迨庚申,予游大江南北,泛沧溟、走闽粤,复万里循海北归,凡所历里区谒舍质馆夷楼,旗亭之壁,酒坊之座,无不有芋仙诗著。盛矣哉!其书中之萧子云,文中之温子昇乎。"(庚申,即 1860 年。萧子云,齐梁著名书法家。温子昇,北魏著名散文家。)王再咸所经过的地方差不多有大半个中国,在如此广大的地域内,"无不有芋仙诗著",可见流行之广、影响之大。

李士棻一生诗歌创作有两大高峰,一是在北京,一是在上海。在北京,"名公卿交相延誉,……直省高才生之集荦下者,莫不推襟送抱,文酒之会旬至再三……天下人识不识一见辄投分作曲室语,久之如饮纯醪如听古琴,故始则读其诗想见其人,既则爱其人益重其诗"(王再咸《天瘦阁诗半序》)。甚至"达官贵人往往折节下交,而君视之淡然"(黎庶昌《清拔贡生李士棻墓志铭》）。在上海，清代著名小说家李伯元称："名流荟萃沪上，盛极一时，而才情品貌，当以忠州李芋老为最！"一个来自荒远峡江小城的诗人，能够卓立于北京上海诗坛，足见其实力之强大。

李士棻挚友，著名诗人何栻（廉昉）在《李芋仙独立楼诗序》中评价李诗："其诗善于言情，工于叙事。况其体洁，其性芳、其识沉、其志定。其思曲而能畅，其韵远而能留，其骨格似杜而貌似乐天，其胎息似苏而神似诚斋，兼采其长而善藏其短。"何栻（廉昉）乃深知李士棻之人，故能对李诗条分缕析，得出以上结论。

李士棻去世 7 年后，江苏松江韩邦庆出版了著名的言情小说《海上花列传》，讲述的是同治光绪年间上海滩才子佳人的故事。其中用大量篇幅描写了一个叫高亚白的人，其人风流倜傥、文采斐然、名满江南，是小说中非常重要的角色。当时熟悉李士棻的人还很多，许多学者指出书中的高亚白就是李士棻。鲁迅在撰写《中国小说史略》时特别提到了《海上花列传》，也认为"书中人物，亦多实有，而悉隐其真姓名"。能够作为生活原型被写进《海上花列传》的人，岂是等闲之辈？

除了诗歌创作，李士棻还是中国第一个文学期刊的创办者之一。

鸦片战争后，上海出现"国中之国"的租界。外国传教士和商人纷纷跑到上海，有的开书馆，有的办报刊，有的建印刷所，这给上海带来了崭新的出版理念，可谓得风气之先。但是，外国教会所属书馆出版的期刊，仅能给人们带来"一时之新"。人们更希望看到中国人自己办的"本土杂志"。1882 年 11 月，中国人自己办的"本土杂志"应运而生——《申报》以文艺副刊形式，开始出版每月一册的《瀛寰琐记》。《瀛寰琐记》为 24 开线装本，内容侧重文艺，以诗词、小说、译文为主，很受读者欢迎，每期销量达2000 册。

这个中国人自己办的"本土杂志"，就是李士棻和他的文友们一起创办的，他是编辑之一。据专家考证，《瀛寰琐记》是中国近代第一个文学期刊,共出 28 期,原件现在都完好地保存在北京图书馆里,是研究中国期刊史的极其珍贵的资料。在谈到这一具有开创意义的文学期刊时,我们当然不能忘记了李士棻的历史功勋。

七

李士棻以性情真率著称,其诗亦性情流露真率感人,在清代诗坛中自成面目,独树一帜。"立言造精微,无或一字苟。出门筮同人,积诚动师友",这是他晚年对自己作诗的总结。百余年后,我们读他的诗,往往会惊讶于他的情感穿越时空而来,有如电光火石。这正如白居易所言:"感人心者,莫先乎情。"盖情感真挚为诗歌之要义,无情无感,何可言诗。试举数例如下:

奉怀家兄克猷先生

犹记临歧拜寝门,斯须执手黯销魂。

劝将灵药扶衰病,欲挽征衫忍泪痕。

秋老偏迟鸿雁信,难多空望鹡鸰原。

故应缓证菩提果,万里归来寿一樽。

辞家远游殷殷作别之状,万里隔阻欲见不能之思,历历如在眼前。"劝将灵药扶衰病,欲挽征衫忍泪痕",写对家兄之关心,写自己之难分难舍,让人不忍卒读。

林岱青同年赠羊裘一袭副以名笔占谢

已忍奇寒不敢号,忽逢良友赠绨袍。

今冬风雪连朝紧,古谊云天一样高。

衣锦几时归故里,大裘从此被吾曹。

酬君剩有新诗句,夜拥青灯试彩毫。

起句即直击人心,忍奇寒而不敢号,是何等凄楚,何等无奈?然后笔锋一转进入主题,此时有良友送来羊裘,无异雪里送炭。颔联造语新颖灵动,对仗妙不可言,可称神来之笔。衣锦大裘皆切羊裘而来,尾联始点出诗题之"副以名笔"。通篇皆贯以深情,此等佳作,岂可多得。

闻座主花松岑、杜云巢两先生尝对客问荦近状甚悉,感而赋诗
　　　　升沉事过向谁论,太息犹闻长者言。
　　　　并世不愁知己少,余生当为报恩存。
　　　　风培鹏翼三秋健,身傍龙门一士尊。
　　　　重检青衫仍欲泣,五年前泪尚留痕。

颔联之真挚深切,非常人所能道。尾联则余韵悠悠感人肺腑。

李士荦才气纵横学养深湛,于古今诸体无一不得心应手运用自如而又变化无穷。展读其诗,觉满纸烟云缭绕珠玉纷披美不胜收。其诗语之丰富多彩,对仗之神出鬼没,奇妙之处往往出人意料,令人为之叫绝。试读下面的句子:

　　　　一片秋声过风雨,五更归梦到江湖。
　　　　泥饮舞酣新获剑,放歌敲碎旧藏壶。
　　　　无量寿争名不朽,有情痴比病难医。
　　　　慈母有灵犹顾盼,穷人无事不艰难。

　　　　汪伦惜别潭千尺,杜牧伤春月二分。
　　　　老矣更期勤会面,嘿然相对久忘形。
　　　　万事向衰无药起,一身放倒听花埋。
　　　　海角天涯人一个,酒阑歌散夜三更。
　　　　十年旧句挑灯和,一片新愁对酒生。

或俊逸潇洒，或婉转凄清，诵之如鸣金玉，味之能沁心脾，看似信手拈来，实则力透纸背。无怪乎一代文宗曾国藩也禁不住赞叹"太白醉魂今尚存""时吟大句动乾坤"。

八

可惜的是，曾经诗名纵横天下的李士棻，身后却非常寂寞。去世50年后，他就几乎被人们遗忘得干干净净。1944年，日本汉学家八幡关太郎为李士棻深感惋惜，著长文《清末的薄命诗人》纪念李芋仙，称李芋仙"有争雄于天下的才能和实力"，"是不可思议的诗人"。在洋洋万余言的文章中，对李芋仙的诗品、人品、交游、著述、癖好等各方面进行了详细介绍，希望李芋仙能在中国文学史上复活。他感叹："距芋仙之死迄今不过五十余年，然其诗却湮灭不传，其名字亦不见录于文学史，此诚可慨叹然亦无可如何也。"然而，这篇文章并没有起到多大作用，之后，李士棻不再被人提起。

20世纪80年代，笔者开始关注李士棻，于1986年在《龙门阵》上发表了《忠州才子李芋仙》。文字虽然粗陋，却是最早介绍李士棻的文章。我痛感资料的不足，开始做资料搜集。

1987年，笔者在四川大学图书馆特藏部意外获李士棻诗选《天瘦阁诗存》（上下卷），花了几天时间将全书手抄一过。1990年，我在上海图书馆特藏部找到了李士棻的《天瘦阁诗半》六卷以及增补本《天补楼行记》一卷，惊喜得差点叫了起来。这两种珍贵无比的诗集在沉睡了105年后，终于等到了家乡忠州的后生前来探访。我将两种集子复印回家，如饥似渴地研读，仿佛跟随着李士棻从少年到老年的足迹，遍历大江南北，遍交天下名士，仿佛听见他的歌哭，看见他的悲欢。这以后我连续在《四川文艺》《重庆日报》《巴乡村》《万县日报》等报刊发表有关李士棻的多篇文章。

1999 年，经笔者力荐并提供稿本，李士棻诗入选《近代巴蜀诗钞》。该书是由四川省人大常委会主任杨析综和著名学者、四川师范大学教授刘君惠主编的大型断代诗总汇，代表了近代巴蜀诗的最高水平。想到李士棻生前曾希望"一联半句流传身后，后之人或亦有激赏予诗，一如予今日之爱慕乾嘉诸词客，则予不为虚生矣"，我作为后来者，也差可告慰他了。

2000 年，笔者在《重庆三峡学院学报》发表长文《李芋仙：不能遗忘的诗人》，这是当代第一篇较全面的介绍李士棻的文章，学界对李士棻的了解大多是从这篇文章开始的。之后，李士棻于 2003 年入选"重庆百名本籍历史名人"，进入重庆历史名人馆。2006 年，重庆工商大学康清莲教授在《新疆大学学报》发表了《巴蜀才子：诗人李士棻考略》，并将李士棻作为课题进行研究。康清莲教授从此和笔者成为志同道合的知己。

2007 年，笔者应邀到重庆电视台《重庆掌故》栏目做了专题讲座"晚清巴渝第一才子李士棻"。该讲座经反复播出，影响颇大。

现在，康清莲教授主编的《天瘦阁诗半校注》面世了，《天瘦阁诗半校注》乃皇皇巨著，全书 30 余万字，旁征博引，深入浅出，考证精细，注释得当，填补了李士棻研究的巨大空白，是当今李士棻研究的重大成果，必将在文学史上产生极其久远的影响。这标志着：经过我们的先后努力，李士棻在文学史上复活已经没有任何悬念。

走笔至此，忽然想起黎庶昌《清拔贡生李士棻墓志铭》里的赞词，不妨附后作为结尾：

> 瞿塘峡西涪水东，有士曰李命实穷。
>
> 天放傲骨世莫容，一官敝屣如转蓬。
>
> 乾坤大句声摩空，死而死耳文则雄。
>
> 物蜕返始归蜀宫，湛湛江水涵青枫。

川剧名伶张德成的德艺修养

□ 刁向远①

中共中央总书记习近平召开文艺工作座谈会时曾指出："繁荣文艺创作、推动文艺创新,必须有大批德艺双馨的文艺名家。"德艺双馨,形容一个人的德行和艺术(技艺)都具有良好的声誉。然而,当今社会,在明星群体中,一部分人罔顾"德艺",一味追名逐利,甚至屡屡碰触社会底线,酒驾、嫖娼、吸毒……凡此种种,对其自身声誉和业界形象均造成不良影响。

与这部分人形成鲜明对比的,是众多低调做人、踏实演戏的老一辈表演艺术家,重庆历史名人张德成就是其中一位。

张德成(1888—1967年),我国著名川剧表演艺术家,在70余年舞台生涯中,塑造了李白、韩愈、方孝孺、诸葛亮等经典艺术形象,人称"川剧大王""生角泰斗"。他毕生勤学治业,对川剧高腔研究甚深,不仅在川剧表演艺术上取得了卓越成就,还致力于川剧艺术理论探索,对川剧艺术事业的发展和传承做出了有益的贡献。更难能可贵的是,他怀有一颗爱国之心,始终忠于党、忠于祖国和人民,且作风正派、崇尚戏德,在戏曲界享有极高威望,堪为后人典范。本文通过对张德成从艺生涯的全面回顾,试图

---

① 作者系重庆历史名人馆联络接待部副主任,文博馆员。

从人品、戏德、爱国情怀、治业精神等方面探析其德艺修养,以期对当代文艺工作者有所启示。

一、宝剑磨砺,终成泰斗

清光绪年间,张德成出生于重庆巴县走马岗[1],家中有父母兄弟四人。张德成3岁时,父亲去世,母子三人便到四川自贡投亲、定居。当时,自贡盐业发达,富商云集,来往的川剧戏班也多。张德成7岁时随"玉升班"看戏,被戏班班主宗吉山(艺名"白甘蔗")发掘,收为徒弟。张德成非常珍惜这得来不易的机会,喊嗓练功,专心致志,10岁起就开始搭班演出,艺名"双偏裼"(因头上蓄着两条小辫子)。再后来,张德成拜资阳河流派著名的生角黄炳南为师,技艺逐渐提高,受到观众喜爱。

在攀登艺术高峰的道路上,张德成备尝艰辛。18岁时,由于倒嗓、换嗓长期不愈,声音不如以前清亮,张德成的演出已不受观众欢迎。最痛苦的一次,他因遭观众喝倒彩而含泪退场,下台后居然收到戏班送来的一千元冥钞"遣散费"。这期间,虽然戏少、钱少、角色小、吃住差,但张德成并没有绝望气馁,反而更加刻苦练功、练声、练腔,还加倍努力地看戏、学戏。终于,张德成凭着常年不懈的自我训练,到26岁后,声音逐渐好转。

嗓音恢复后,张德成辗转来到重庆,在同乡曹俊臣(当时重庆著名的川剧武小生)帮助下,到翠芳茶园搭班唱戏。在演了两年多的小角色之后,一次,《龙凤剑》的主演因与班主闹矛盾而罢演,曹俊臣见机,当即推荐张德成顶替出演。在台上,张德成以充沛的感情、刚劲有力的唱腔赢得了观众的喝彩。之后,他主演的戏越来越多,近而立之年的张德成终于在重庆声名鹊起,令人刮目相看。

到中年阶段,张德成的表演和唱功渐达炉火纯青之境,在川东地区名噪一时。他认真严肃地对待每一部戏,处处从剧情人物出发,形神兼具。他每部戏必有其独到之处,汲古而不泥古,博众家之长,舍传统之短,在舞台上形成了自己的风格，自成一派，被称为川剧"生角泰斗"，誉满全川。

二、虚怀若谷，学无止境

众所周知，学戏讲求苦练四项基本功，即唱、念、做、打。其实，除了这"四功"，还有更多的表演诀窍。张德成在《谈〈孝孺草诏〉的表演》一文中曾提到过自己塑造方孝孺一角的"诀窍"。他认为"我得知道他。在旧社会苦于缺少历史知识，我便设法向文化界的朋友请教，承他们介绍了一些有关方孝孺的史料和书籍，如《明史纪事本末》《殉国名臣传》《通鉴辑览》，我开始对这个历史人物，有了这样一点认识和了解……"[2] 只有深入了解饰演的角色和剧本的背景，将自己代入其中，才能打动观众。可见，戏曲表演和文化知识学习是分不开的。

然而，张德成幼年时只读过三年私塾，他自感知识匮乏，所以无时无刻不在寻求良师益友，刻苦学习。在他换嗓潦倒时期，尽管处境艰难，求知欲却丝毫未受影响。他向自贡的朱大山人学文，向画家王竹亭学画，以夯实分析剧情的功底，提高舞台演唱的美学修养。在重庆崭露头角后，张德成更加虚心好学，趁在四川各地搭班期间，四处寻师访友，汲众家所长。在戏曲方面，他主动向"资阳河鼓师之王"彭华廷、名丑岳春、钟瑞林等人拜师求教，学习高腔曲牌、昆曲、锣鼓、唢呐等，使自己在曲艺上全面发展；在文化方面，每到一处演出，他都要登门拜访当地文化名人，诚心请教历史、诗词等方面的知识，探讨名人名剧，评价唱腔，以提高文化修养。20世纪30年代，张德成曾与泸州著名文士温小泉结为好友，二人常交流切磋，张德成在文化、理论上深受启迪，这些都对他成为川剧名家大有裨益。

数年中，不论张德成在何处演戏，总能受到同行及观众们的好评和欢迎，不仅因为其技艺精湛，更缘于其德行修养。一方面，张德成尊师重道，从唱腔到招式，从曲牌到锣鼓，他都虚心向老艺人学习。另一方面，他从不以"名角"自居，对同行或普通观众都谦虚求教，艺德甚高。时至今日，坊间一直流传着张德成虚怀若谷、不耻下问的故事。据说，张德成某次唱《别宫出征》，台下居然有人喝倒彩，戏迷们欲教训那人，张德成急忙制止，还专门下台请教那人。原来，戏里张德成饰演的梁武帝嘱托皇后亲自照看生病的苗妃，唱着"不幸苗妃得病体，还望妻煎汤熬药殷勤些……"让正宫照看妃嫔，不合情理，应改戏词！从此，《别宫出征》中的那句唱词，张德成就改为"还望妻促他们煎汤熬药殷勤些"了。

三、改良川剧，补助抗战

有国才有家，有家才有戏曲艺人施展才华的舞台。张德成深知这个道理。中华民族危难之际，张德成积极投身于文化界的抗日洪流中，通过旧戏新编，演绎一个个可歌可泣的民族英雄的故事，激励起大后方广大民众的爱国热情。

抗战前夕，张德成从泸州辗转来到重庆，在翠芳茶园和章华（旧址在今人民剧场，后迁今罗汉寺公路对面）、又新（旧址在今米亭子，后迁今重庆剧场）等舞台演出[3]，轰动山城。不久，全面抗战爆发，国民政府迁都重庆，来自全国的各类文化团体、曲艺剧团纷纷涌入重庆，重庆的戏曲舞台异彩纷呈，抗敌戏剧运动高潮迭起。在文化界进步人士影响下，张德成积极参加进步活动。1938年，他加入阳翰笙等人发起成立的"中华全国戏剧界抗敌协会"，任重庆分会理事，参加该协会于重庆举办的第一届戏剧节，在城郊剧场、街头、学校、工厂演出动员抗战的新剧；带头捐款1000元，支援前方将士；亲赴苏联大使馆致信斯大林，表示中国剧人对世界反法西斯战争的支持，认为中苏两国应团结起来共同抗击日本侵略者……这些事迹，都反映出张德成崇高的爱国主义精神，无愧为川剧界爱国艺人中的代表者。

就在这一时期，为扩大文化界的抗日民族统一战线，郭沫若领导的文化工作委员会多次邀请在渝的戏剧界艺术家座谈，研讨改革地方戏曲以适应抗日宣传需要。张德成、阳友鹤等川剧名家都曾应邀参加。周恩来也曾在郭沫若寓所接见张德成，鼓励张德成动员川剧同行积极投身到抗日洪流中，为抗战出力。张德成深受鼓舞，在报上发表《漫话川剧》一文，号召改良川剧，发挥川剧"补助抗战之能力"，随即着手筹办川剧演员协会。

1941年2月4日，张德成与阳友鹤、周裕祥等川剧名家在又新大戏院发起成立了"重庆川剧演员协会"，张德成任会长，阳友鹤任副会长，周裕祥、李泽民任秘书长。[4]郭沫若、田汉、阳翰笙等都到会祝贺并发表演讲，提出了"紧密团结，拒演坏戏，保持民族艺术的纯洁性；努力做好抗日宣传工作，弘扬中华民族的民族艺术"[5]等希望。自此，重庆川剧界出现了一派崭新气象。

协会成立伊始，会长张德成积极响应文工会的号召，大力倡导川剧改良。他为民族计，亦为川剧计，积极加工、改编、上演了《柴市节》《扬州恨》《杀家告庙》《龙凤剑》等一批彰显民族气节、歌颂民族英雄、反对屈膝投降和独裁统治的抗日救亡剧目，唤起和激发民众的抗日热情，广受好评。如《扬州恨》一剧，改编自明末清初民族英雄史可法孤军抗敌的故事，赞颂了爱国志士奋勇抗敌的崇高精神，鞭挞了国民政府亲日派卖国投降的卑劣行径，具有鲜明的政治色彩，激起了各界人士的爱与恨。"每当川军出省抗日杀敌，必以此剧激励广大官兵斗志，反应尤为强烈。"[6]

1941年冬，郭沫若在观看张德成改编并主演的新戏《一品忠》（又名《孝孺草诏》）后，赋诗一首赠张德成："凌威一代明成祖，骨鲠千秋方孝孺。纵使舌根能断绝，依然有口在吾徒。"[7]这首诗既赞颂了方孝孺的"骨鲠"精神，也赞扬了张德成不附权贵的"傲骨"品德。张德成遂根据明代于谦的诗句回赠郭沫若："千锤万凿出深山，烈焰光中走一番。粉身碎骨浑不顾，只留清白在人间。"以表自己的赤诚爱国之心。

抗战时期，张德成作为一名戏曲艺人，与时俱进，服务于伟大的民族抗日运动,呕心沥血。重庆川剧界的艺人在张德成的倡导和组织下,接连上演了不少有利于民族解放运动的剧目,如魏香庭的《李秀成殉国》《商人爱国》,当头棒的《乞儿爱国》,周裕祥的《双拾黄金》《滕县殉国记》以及《爱国魂》,等等,在陪都重庆的川剧舞台上掀起了爱国抗日的热潮。

四、爱国爱戏,寄情诗话

身为川剧界一代名伶,张德成一生都在钻研川剧。除此之外,他的业余爱好就是写旧体诗、词、曲,用以记艺、寄情。张德成的这些诗话,或真挚,或幽默,兴之所至,有些诗近似于打油诗。虽然他的业余写作不能跟诗词曲名家之作相提并论,但我们仍能从中感受到他的心声,品读出他爱国、爱乡、爱川剧的诚挚真情,以及艺高、德重的个人魅力。

1950 年,已经六十多岁的张德成受邀出席重庆市各界人民代表大会。在会上,他赋诗一首,感谢党和政府对他的重视与信任:

> 不饮盗泉水,不栖恶木阴。
>
> 只要鱼不饵,何愁鼎镬烹!
>
> 一朝获解放,人民庆翻身。
>
> 邀余作代表,慨然奋而兴。
>
> 志坚无怠情,宁知白首心。
>
> 愿竭绵薄力,效忠为人民![8]

此诗由来是:国共内战时期,张德成因在政治上追求进步,被国民党顽固派密令"封杀"。直到中华人民共和国成立后,经文艺界领导邵子南邀请,他才重返川剧舞台。而后,他又被选为重庆市人大代表。张德成深感党和国家对川剧艺人的关心重视,在欢呼全中国人民解放,欢呼川剧艺人在政治地位上得到提高的同时,表明了自己愿为国家和人民服务终生的心迹。

1962 年,多年漂泊在外的张德成思乡情切,回到自贡自流井探亲。他在自贡市有关领导的陪同下参观工厂和川剧院,会见亲友。他感慨于家乡的建设发展,无比兴奋。返回重庆后,填词《采桑子·还乡有感》,以表自己对家乡"百业昌盛"的喜悦、自豪之情,盛赞自贡乃至全中国的建设成就:

桑梓貌承大地春,临观不尽,艺苑传芬,百业盛昌遍佳音。

耆年喜见群英秀,增进芳型,教授兰心,至釜水逢黄河清。[9]

1964年,京剧名家荀慧生来四川演出,绘制了一把山水扇送给朱丹南(原西南川剧院院长)。张德成当时也在场,他当即挥毫,在扇背写下两首曲,意情豪迈:

调寄《仙吕点绛唇》

渝舞巴歌,别具精神。记当时,夜雨涂山,翁量谱新韵。

调寄《一江风》

东风来,满园绚奇彩。群璨香海。喜蓓蕾簇簇齐开,繁荣欣盖代,新枝尽良材。济济何壮哉,吾不禁高歌发豪迈。[10]

这两首曲叙述的都是1953年西南川剧院和川剧实验学校成立之初的情况,张德成当时任西南川剧院副院长和川剧实验学校校长。第一首曲子是指,中华人民共和国成立后,川剧走出地方,在全国戏曲汇演中得到多个奖项,还走出国门到朝鲜慰问演出,具有划时代的意义,这些成绩归功于川剧院里不分昼夜、忘我工作的表演艺术家们。第二首曲子一指川剧事业欣欣向荣,二指川剧教育事业蓬勃发展。他为川剧事业的发展和人才的培养倾注了大量心血,这大好局面让他感到由衷的高兴和自豪。

除上述诗词曲外,张德成关于记艺、传艺的作品,也很多见。如五言诗《五官表情窍道》:"眉锁待钥开,眼钉怎去怀。脸色不喜变,耳爱佳音来。"又如六言诗《咏琴师艺人》:"琴师掌握弦管,昆腔内分五音。须知工谱调性,首重宫浊羽清。盖板即是弹戏,唢呐与同胡琴。口风手风两等,艺术学术平均。"还有《锤炼》一诗:"要得炉火纯青,必须千锤百炼。不纳他人批评，功夫终归有限。"通过这些诗句，张德成把自己多年来研究川剧的心得毫无保留地传给后来人，实乃戏德高尚。

五、传承川剧，著书立说

张德成在川剧表演艺术上取得了杰出成就，但他并不因此满足，毕生致力于川剧艺术的传承和长足发展。他勤奋治学，整理总结自己丰富的舞台实践经验，使之升华为理论，其一生著述颇多。这对一位从旧社会走过来的戏曲艺人来说，十分难能可贵。

20世纪40年代，川剧渐呈衰败之势。张德成便有了把自己的舞台经验用文字记载下来、将川剧发扬光大的心愿。当时的艺人普遍缺乏文化，社会地位低下，他的这种想法遭到了某些人的讥笑。但张德成凭借坚韧不拔的毅力，搜集资料，埋头钻研，结合自己演戏的经验和体会，编写出《川剧内影》一书，得到了郭沫若"对于川剧之研究与发展保存上确有莫大功劳"[11]的肯定。张德成倍受鼓舞，对川剧的兴盛发展充满了希望。只可惜，后因社会动乱，这本书书稿散失。

中华人民共和国成立后，张德成历任重庆市实验川剧院院长、西南川剧院副院长、四川省川剧院院长、重庆市川剧院院长、全国政协委员等职，事务繁忙，为川剧事业发展呕心沥血。20世纪60年代，他自感年事已高，多年来欲撰述《川剧高腔乐府》的愿望便愈加强烈。在四川省文化局和重庆市文化局的帮助下，张德成于1962年4月开始编著《川剧高腔乐府》。他要在这本书中把数以千计的高腔曲牌的名称、性能、规格、用法等，从理论上一一阐明，可谓川剧史上空前的创举。张德成以古稀之年，不辞辛劳地查找资料，考证核实，走访鼓师、演员，经过两年多的艰苦奋斗，终于完成70余万字的书稿。"我编写这部《川剧高腔乐府》的最大愿望，就在于对这比较复杂而又相当混乱的川剧高腔曲牌，试图本着科学研究的精神，来向广大的川剧工作者作一个比较全面的介绍，以便在进一步的革新工作上有所取材,有所借鉴。"[12]这本书于 1964 年 12 月出版问世,但不幸在"文革"期间受到长期禁锢。直到 1978 年,四川省川剧艺术研究所内部才又编印了《川剧高腔乐府》上、下两册。

张德成还发表过不少关于川剧表演艺术的学术论文,在川剧乃至戏曲界产生了广泛影响。《川剧高腔乐府》问世后,79 岁高龄的张德成还曾计划要编写《论川剧表演艺术》书稿,后因体弱多病未能如愿。"文革"开始后,1967 年 12 月,张德成横遭迫害,含冤逝世。当时,川剧界人士多是敢怒而不敢言,只得暗中学习张德成的艺术理论。1978 年 8 月,张德成得到平反昭雪。

为使张德成宝贵的艺术经验和精辟的演剧见解能更好地保存、流传下来,1981 年,四川省川剧艺术研究所编辑《张德成川剧表演论文选》,整理、记录了张德成关于舞台表演经验和演剧见解的 6 篇学术文章,包括《唱、讲、做、默》《谈〈孝孺草诏〉的表演》《"岂好辩哉,不得已也"——谈〈舌战群儒〉中的诸葛亮》等,为后辈留下了很好的文字教材。

张德成将一生奉献给了川剧事业。他为人忠诚正直、不畏困苦,勤以致业、技艺精湛,虚怀若谷、戏德高尚,为国为民、振兴川剧,无愧为一位德艺双馨的表演艺术家。温故而知新,笔者认为,在文艺事业空前繁荣发展的今天,回顾张德成的艺术人生,我们或许能从中得到一些有益的启迪。

参考文献

[1]余荣邦.川剧大王"张德成"[J].四川戏剧,1988(6).

[2][7]四川省川剧艺术研究所.张德成川剧表演论文选[M].成都:四川人民出版社,1981.

[3]重庆市渝中区人民政府地方志编纂委员会.重庆市市中区志[M].重庆:重庆出版社,1997.

[4]李奎光.忆重庆抗战川剧人[J].红岩春秋,2016(1).

[5][8]中国人民政治协商会议,西南地区文史资料协作会议.抗战时期西南的文化事业[M].成都:成都出版社,1990.

[6]夏庭光.抗战时期的川剧大师张德成[J].四川戏剧,1997(6).

[9]肖士雄.同乡人张德成[M]∥政协四川省自贡市委员会,文史资料研究委员会.自贡文史资料选辑(第十七辑),1987.

[10]朱丹南.忆和张德成相处的日子——兼析张老两首曲子[J].四川戏剧,2004(6).

[11]余荣邦."川剧大王"张德成[J].四川戏剧,1989(1).

[12]张德成.川剧高腔乐府(上册)[M].成都:四川省川剧艺术研究所,1978.

亦书亦画亦生活
写情写景写精神

——试论名人文化与陈子庄艺术

□何祥松[①]

"山不在高,有仙则名;水不在深,有龙则灵。"这是古人提出的典型的"名人文化理论"。它告诉我们,名人文化自古以来就被人们认识和重视,只是没有完整的理论体系。今天,名人文化受到世人的普遍重视。人们研究名人及名人文化,以期借助名人文化效应推进文化内涵的挖掘、传播,带动文化旅游的发展。

陈子庄(1913—1976年),重庆历史名人,重庆永川人,原名富贵,字子庄。早期作画号兰园,中期号南原、下里巴人、陈风子、十二树梅花主人,晚年号石壶,有"东方梵高"之称。自幼习书画,后受齐白石、黄宾虹启发,借古开今,在民族艺术本体上开拓现代的中国画,形成了全然不同的风格意蕴,表达了仁智各异的艺术个性。其画作迹简意真,平中求奇,天然、真率、纯朴,天马行空,尽脱古法,有着田园诗般的韵味,观之沁人心脾。出版有《石壶论画要语》《石壶书画篆刻集》《陈子庄画集》等著作。

---

① 作者系重庆市永川区文物管理所所长。

1987 年,在中国著名书法篆刻家覃石语老先生的推动下,重庆石壶(子庄)艺术研究会成立。1988 年,"陈子庄先生遗作展"在北京举行,引起轰动。2001 年,石壶(子庄)艺术研究会改名为"重庆陈子庄艺术研究会"。2002 年底,研究会编辑出版了《陈子庄艺术研究论文集》。这是重庆市第一部名人研究成果集。其时,子庄先生的名人价值凸显,永川与荣昌为"子庄出生地"还进行了一番争论,也算一段名人文化"佳话"。

永川对于名人的作用早就有深刻的认识,对于经历复杂的子庄先生,是用科学的眼光对待的,把子庄先生作为杰出人物收于《永川县志》。2003 年以来,永川对历史名人进行了挖掘、整理,开展了以陈子庄先生为主要对象的名人文化建设工作。

2003 年,永川设立陈子庄艺术陈列馆——向重庆市人民政府上报了《关于兴建陈子庄艺术陈列馆的请示》(永川府文〔2003〕10 号),重庆市人民政府于 2003 年 4 月 28 日下发了《关于陈子庄艺术陈列馆选址及建设问题的批复》(渝府〔2003〕116 号):"原则同意陈子庄艺术陈列馆选址在永川市经济技术开发区内的红河小区兴建。陈子庄艺术陈列馆规划建设方案应报市文物主管部门审定,与永川市博物馆共同建设。"至此,关于子庄先生"是永川人还是荣昌人"的争论,尘埃落定。而后,永川将子庄出生地命名为"子庄村",将村小学校命名为"子庄小学",在永川城区命名了"子庄大道""子庄桥"。2004 年 9 月,重庆文理学院美术系被命名为"陈子庄美术学院"。

2007 年,设立永川名人馆——永川名人馆设于永川文化艺术中心内,面积为 600 平方米,大致进行了两个分区:其一,名人及实物展示,实物主要收集陈子庄、陈寿岳、万从木、刘声道、刘阿本和邓先成等人的作品;其二,名人简介,大致按古代、近代、现代、当代分布,陈列有卓越贡献的爱国人士以及工业、农业、国防、科学技术、教育、文化、卫生、体育等各个领域、各条战线有杰出贡献的专家、学者、先进人物、民主人士。永川名人馆融知识性、教育性、宣传性、观赏性于一体，展示了永川人的巨大成就、内在魅力和精神品质，以及永川人勇于拼搏、敢于创新的人文精神。

历史名人是一张张耀眼的城市名片，是不可多得的社会财富。永川区通过名人文化建设，展示了深厚的文化底蕴，提升了城市文化档次，塑造了城市文化特色，提高了对外声誉和影响力，促进了文化旅游和经济社会的发展。

在本文中，笔者着重谈谈自己心目中的子庄艺术。

以景入画的子庄山水画

顾恺之的《画云台山记》中写道："山有面，则背向有影。"这句话是最早的对中国山水画技法的描述，标志着中国山水画已经开始从军事用途发展到文人雅事了。展子虔的传世作品《游春图》，以青绿勾填法描写山川，体现出朴拙而真切的描绘自然景色的能力，表明中国山水画趋于成熟。

有些画家，注重汲取民间营养，对中国山水画的程式化问题感到一种危机，同时也感动于民间绘画或其他民间艺术形式中原始、朴素的形式以及原始的情感表达，于是他们向民间艺术汲取营养，以期推动中国山水画的发展。子庄先生的中国山水画就是基于此点，其作品从民间汲取营养，从自然中提取题材，从传统书法中改善山水画技法。

子庄先生深受齐白石先生"方法要简单，效果要最好"的影响，在对花鸟画进行了深入理解后，转向了对中国山水画的突破中，子庄先生辗转于"巴山蜀水"间，产生了一大批"写实性"山水写生稿和山水画作品。这些作品所反映出的宁静、简洁、恬淡、质朴，让人备受感动，看不到传统国画陈陈相因的、程式化的各种皴法，也看不到当时主流绘画的构图样式。如薛永年先生评价，子庄绘画艺术"不为浅见所蔽，不为时风所染"，其画大胆、率真，坚持了独特的艺术风格和探索精神。

子庄先生的中国山水画，表现的题材一般都是平凡的山村小景，贴近生活、贴近群众。将蜀地所特有的盆地风貌、山峦起伏、树林青翠、村夫牧童、板桥溪渡展现在我们面前，没有大幅山水画的气势恢宏、淋漓尽致，也没有对山水画技法的刻意追求、精准表现，只是闲适的、本真的，一切都是那么自然。

子庄先生绘画笔墨自由灵动，画面简洁有度，这是在对大自然的深切体会和独特感悟的基础上，经过高度的概括提炼，通过线来表现山水的结构变化，在用笔上注重书法用笔的夸张和变形，在用墨方面非常重视随机应变，形成了子庄先生特有的笔墨语言。这是常人无法简单模仿的。

子庄先生的中国山水画是在传统山水画上的创新，虽赋予了新的表现方法，但依然是对中国传统绘画艺术的传承，是在传统基础上的延伸。子庄先生是当代中国画的"开拓者"、一代大师，在中国画发展史，特别是当代中国画发展史上占有一席之地。

以书入画的子庄绘画风格

唐代张彦远《历代名画记·叙画之源流》中说："书画同体而未分，象制肇创而犹略。无以传其意，故有书；无以见其形，故有画。"此为最早的"书画同源"说。

书法注重形式之美、气韵之美，可以说是真正的抽象派艺术，而中国画本身带上了强烈的书法趣味，国画的线条、墨韵，处处透露着抽象之美，有着独特的审美价值。书法的用笔是中国画造型的"语言"，离开了书法的用笔，就很难言中国画。也就是说，即使离开了绘画的物象，单独地欣赏中国画中的一笔一画、一点一面，也能使人陶醉其中、怡然自得。

子庄先生的绘画作品摒弃了传统中国绘画的皴、勾等技法，将书法韵味发挥到了一个新高度，点画之间无一不体现出书法的技巧运用，美术评论家孙克曾高度评价子庄先生的书法艺术："善书法，更精于书艺，论述书法源流、古代碑帖书法家优劣如数家珍,表明他对书法一道深有研究。"美术评论家薛永年认为,陈子庄"书法水平之高,在近代著名画家中,除吴昌硕、齐白石、丰子恺诸位,还很少有人能超过他"。孙克还说:"陈子庄对金石书法见解尤高,他对书画共存关系,对书法于绘画的重要性,对古代金文、秦篆汉隶,以至蔡邕、陆机、二王、颜、柳、欧、苏、黄、米、蔡、八大、石涛、邓石如、包世臣直到近代赵之谦、康有为、郑孝胥、于右任等无不述其优缺,见解独到,所言都是亲自体会切中肯綮。正是由于他的见识之高,方有他的艺术水准之高。"

以情入画的子庄艺术生活

一是"刚柔并济"。汉代王粲《为刘荆州与袁尚书》曰:"金木水火以刚柔相济,然后克得其和,能为民用。"子庄先生的绘画作品,很好地诠释了王粲文中表达的含义,也反映了子庄先生曲折的生活经历。他早年习武,生性刚烈,是一种至刚的阐释;而子庄先生晚年的生活困境,又使其不得不回到现实中,远离是非喧嚣,寻求一种超脱,这则是一种至柔的表现。子庄先生绘画中的语言,"刚"则屹立不倒,动若脱兔,"柔"则如春蚕吐丝,静如处子。

二是"虚实有度"。古人云:实中有虚,虚中有实,虚实相生。这是中国画的基本道理。中国画的创作并非单纯的技术层面,它包含了许多画外之功。而子庄先生的画便很好地体现了这一点,其人格的包容、书法的底蕴,在其绘画作品中体现出来,告诉我们虚实相生的道理,实的地方下笔厚重、用线紧密,虚的地方空灵幽远、不落点笔。虚与实相辅相成,相映成趣,让画面生机盎然、熠熠生辉。

三是"浓淡相宜"。浓、淡、干、湿,是笔墨的四大特质,由此可衍生出千变万化的肌理效果:少浓,画面无以提神;缺淡,画面无以怡情;无干,画面水涝;少湿,画面枯燥无韵。一笔到底,浓淡相宜,干湿互补,点染成形,方为佳作。子庄先生的绘画作品，不管是花鸟画，还是山水画，最重要的特征就是浓淡的表现，用最简洁的笔墨表现最深远的景物，多一分则废，少一分则缺。从整体的浓淡对比，到每一笔的浓淡表现，都处理得恰到好处，无可挑剔。

韩国现代名人——金九

□夏　云①

　　韩国著名独立运动家金九先生是韩国的开国元勋，韩国人心目中的伟大领袖。他领导大韩民国临时政府，在中国坚持开展反日独立运动，为推翻日本帝国主义，为建立自由、民主、统一的国家而奋斗了一生。如今，在中国和韩国，金九先生曾经战斗和工作过的地方，保护较完好的遗址都先后建立起了遗址博物馆。

金九先生的独立运动生涯

　　金九先生 1876 年出生于朝鲜黄海道海州的白云房。这年，朝鲜王朝被迫与日本签订丧权辱国的不平等条约《日朝修好条规》（又称《江华条约》），标志着朝鲜半岛沦为半殖民地半封建国家的开端。

　　1904 年，日俄战争爆发。1905 年 11 月，伊藤博文代表日本政府强迫朝鲜皇帝签订了《乙巳条约》（又称第二次《日韩协约》），日本军国主义者迈开了吞并韩国、瓜分中国的侵略步伐。日军名义上对韩国进行"保护"和"监督"，实际上已使韩国沦为日本独占的殖民地。1910 年 8 月 29 日，

---

　　①　作者系重庆大韩民国临时政府旧址陈列馆文博馆员。

日本通过《日韩合并条约》，正式将朝鲜半岛彻底并入日本版图中，开始了对其长达35年的殖民统治。日本帝国主义的暴行，激怒了韩国人民。全国各地如火如荼的反日救国斗争浪潮，又一次激励了金九先生反日复国的斗志，他积极投身到抗日斗争活动中。金九先生青年时期因参加抗日救国运动，3次被捕入狱，先后有7年时间被关押在监狱里。在狱中，金九先生把自己的号改为"白凡"，意思是决心一生要做平凡的人。长期的监狱生活，磨炼了他的意志，坚定了他坚持抗日救国道路的信念，为他最终成为民族运动领袖奠定了基础。

1919年3月1日，汉城（后更名为"首尔"）爆发了伟大的"三·一"反日运动，此次运动因遭到日本殖民当局的血腥镇压而失败。此后，大量韩国爱国人士流亡中国，金九先生也于当年4月来到上海，投身到韩国临时政府的活动中。1919年至1926年，他历任韩国临时政府警务局长、内务总长和国务领等职务。在上海期间，金九先生参加改组了韩国临时政府，并向美洲的同胞谋求支持，经过多方努力筹集到一批活动资金，利用这笔钱组建了"韩人爱国团"，成员被派往各地，主要活动是暗杀日军将领、捣毁殖民统治机构，制造影响。1932年，金九先生策划了举世瞩目的李奉昌樱田门刺杀天皇和尹奉吉上海虹口公园刺杀白川义则的行动。两位义士的英勇行为，唤醒了众多的韩国人，表明韩国爱国志士在中国继续与日本帝国主义进行斗争，表明韩民族的反日抗争之心没有灭亡。

尹奉吉义举以后，日本侵略者悬赏捉拿金九先生以及韩国临时政府的成员。从此，韩国临时政府辗转经过杭州、嘉兴、镇江、长沙、广州、柳州等地，最后来到了重庆。韩国临时政府在重庆的7年，是韩国独立运动最重要、最活跃的几年，也是韩国独立运动史上的辉煌时期。在中国国民政府和人民的无私帮助下，韩国临时政府在中国的反日独立运动进入了一个快速发展阶段。韩国临时政府在重庆实现了多党合作，组成了统一的联合政府，组建了韩国光复军，并在这里迎来了韩国的光复。

到达重庆后的大韩民国临时政府在中国国民政府的支持下,各项工作终于从地下转为公开,临时政府的外交活动范围也有所扩大。金九先生为争取国际社会承认临时政府,在外交方面做了不懈努力。他以临时政府主席的身份向国民政府提出《关于承认韩国临时政府之节略》,要求中国国民政府承认韩国临时政府。同时,他向中、美、英等30多个国家递交备忘录,希望国际社会承认临时政府。后来虽因种种原因未达到预期目的,但金九先生为临时政府得到国际社会承认所做出的努力功不可没。

大韩民国临时政府西迁重庆綦江以后,金九先生确立了国家党、政、军体制的构想,在促成各党派团结统一的同时,开始着手实行组建光复军的计划。为创建大韩民国的正规军——光复军,他先后向美洲同胞、中国政府寻求协助。在中国国民政府的支持下,1940年9月17日,韩国光复军正式宣告成立。此后,韩国各种抗日武装力量纷纷聚集到光复军的旗帜下,共赴抗日前线,临时政府逐渐实现了独立运动武装势力的统一。

1940年,时任韩国独立党执行委员长的金九先生接替已故的李东宁,担任临时政府主席,从此领导临时政府直至归国。1942年10月25日,金九先生主持召开了大韩民国临时政府第34届议会,产生了由韩国独立党、朝鲜民族革命党、朝鲜民族解放同盟、朝鲜革命者同盟联合执政的临时政府。第34届议会也是韩国独立运动左右翼势力实现统一的一次具有历史意义的议会。

1944年4月20日,大韩民国临时政府召开第36届议会,颁布了经过修订的《大韩民国临时宪章》,并以此为基础,选举主席及国务委员,完成了前几次议会未完成的任务,第一次成立了各党派一致拥护和参加、由左右翼人士共同组成的联合政府。新诞生的临时政府,主席为韩国独立党的金九,副主席为朝鲜民族革命党的金奎植。至此,大韩民国临时政府实现了军事上、政治上的统一,韩国独立运动势力实现了空前的团结。

1945年8月15日,日本宣布无条件投降。同年11月23日,金九先生和临时政府的大部分成员,在接受中国国共两党盛大欢送宴会后,离开重庆,经上海回国。二战以后的朝鲜半岛局势,因为美、苏两国的分别驻入变得复杂化,最终形成了南北分裂的局面。

1948 年 4 月 19 日,金九先生和金奎植一起越过"三八线",与金日成会晤,并出席了"南北联席会议",希望通过自己的努力实现国家统一。但在当时美、苏冷战的大背景下,金九先生的努力没有改变祖国的命运。此后,金九先生愤然退出政界,投身到"建国实践员培养所"的工作中。

1949 年 6 月 26 日,金九先生在京桥庄自己的家中被韩国右翼分子、陆军少尉安斗熙刺杀身亡,终年 73 岁。为肯定金九先生为民族独立所做出的贡献,弘扬他的爱国精神,1962 年 3 月 1 日,韩国政府追授金九先生"建国功劳勋章"。

金九先生的一生,就是一部活生生的韩国独立运动史。他不畏强暴、不屈不挠的斗争精神,始终激励着韩国人民为祖国的独立自由、繁荣昌盛而不懈奋斗。

韩国白凡金九纪念馆

1996 年,"白凡金九先生杀害真相纠明委员会"提出建立"白凡金九纪念馆"的提议,1998 年创建"白凡纪念馆建立委员会",1999 年开展建立基金筹集活动。2000 年 6 月 26 日举行动工仪式,2002 年 10 月 22 日建成开馆,2008 年 12 月将"白凡纪念馆"更名为"白凡金九纪念馆"。纪念馆落成之际,时任韩国总统金大中亲临出席开馆仪式。

白凡金九纪念馆坐落于首尔龙山区孝昌洞 255 号,修建在金九先生之墓旁边。通过纪念馆二楼的落地窗,可以看到这位为韩国独立运动奋斗了一生的爱国者的长眠之地。庄严而简朴的纪念馆修建在坡地上,纪念馆门前韩国国旗飘扬,松柏常青。整个纪念馆分为两层,全方位展示了金九先生从孩童时期到逝世时各阶段的遗物。展馆一层的中央大厅处设有金九先生的铜像。纪念馆一层展示室的内容是：年谱象征厅，影像厅，年代记录，东学义兵起义，救国运动。二层展示室的内容是：大韩民国临时政府活动（1919—1945），追悼空间，等等。

白凡金九纪念馆自建成以来，接待了一批又一批前来瞻仰的观众。每年6月26日金九先生忌日这天，各界人士和社会团体都会在这里举行隆重的追慕式，祭奠他的英灵。在这里，人们可以通过金九先生的人生经历和思想，来了解并理解韩国的近现代历史和韩国独立运动史。在促进民族和平统一的前提下，纪念馆同时也成为展示民族文化发展的空间。

金九先生在中国境内的活动遗址

从1919年4月来上海参加韩国临时政府，到1945年光复归国，金九先生在中国共度过了26年的时光。他全身心地投入独立运动，一直和他的家人过着聚少离多的生活。金九先生的夫人因肺病于1924年1月1日在上海去世。他的母亲在跟随临时政府一路颠簸后，终患重病，1939年4月26日在重庆的孙家花园病故。因为重庆气候潮湿，极易使人患呼吸道疾病，他的长子金仁也于1941年在重庆去世。金九先生的母亲和儿子都埋葬在重庆和尚山。他在中国26年，先后有3位亲人在中国去世。在长期艰难的斗争中，金九先生和他的家庭为民族独立付出了巨大的代价。

金九先生随着临时政府一路辗转，经过杭州、嘉兴、镇江、长沙、广州、柳州等地，最后来到了重庆。在这些他曾经战斗和工作过的地方，保护较完好的旧址都先后建立起了遗址博物馆，包括：上海大韩民国临时政府旧址（上海市黄浦区马当路306弄4号），大韩民国临时政府杭州旧址纪念馆（浙江省杭州市上城区长生路57号），嘉兴金九避难处（浙江省嘉兴市梅湾街76号和日晖桥17号），海盐载青别墅（浙江省嘉兴市海盐县南北湖风景名胜区万苍山麓），柳州大韩民国临时政府抗日斗争活动陈列馆

（广西省柳州市鱼峰区柳石路 1 号乐群社），大韩民国临时政府（长沙）活动旧址（湖南省长沙市开福区潮宗街楠木厅 6 号），重庆大韩民国临时政府旧址陈列馆（重庆渝中区七星岗莲花池 38 号）。

这些遗址博物馆基本上都由韩国临时政府史展览厅和复原陈列房两部分组成。在展厅中，都设有金九先生的铜像，以供人们瞻仰。这些韩国独立运动遗址，吸引了大量慕名而来的中外游客。它们不但是参观旅游景点，而且还是韩国人心目中的革命圣地，更是很好的韩国独立运动史教育基地。在这些游客中，有普通观众、学生团体、民间团体、专家学者、企业工商人士、韩国政要等。韩国相关机构每年都会组织大学生到这些遗址参观、交流、学习。

这些历经岁月洗礼而保存下来的遗址，是中韩两国人民并肩抵抗日本侵略者的见证，在中韩两国人民友谊史和反法西斯斗争史上写下了光辉的一页，更为推动和促进中韩两国交流发挥了积极作用。金九先生的次子、韩国前空军参谋长金信将军曾多次回到中国参观访问。在参观海盐载青别墅时，他深情地题词"饮水思源，韩中友谊"。

韩民族英雄——尹奉吉

□孙明淑①

尹奉吉(1908—1932 年),韩国著名独立运动家。1932 年 4 月 29 日,尹奉吉在上海虹口公园投弹行刺驻沪日军要员、侵华日军司令白川义则,被逮捕后壮烈牺牲。这彪炳千古的壮举,震惊中外,向世人昭示了不甘做亡国奴的朝鲜儿女为了祖国的独立和民族的解放,甘愿奉献的大无畏牺牲精神。尹奉吉义举无论是在韩国独立运动史上,还是在中韩两国民族解放史上,都具有重要的历史意义。

一腔热血浇灌了韩民族的生命之花

尹奉吉出生于朝鲜王朝遭受日本侵略而逐渐亡国的时代,他从小目睹和经历了日本帝国主义对朝鲜半岛的残暴统治,对中韩两国的历史有初步的认识,同时打下了国家和民族意识的基础。

1919 年 3 月,韩国爆发了声势浩大的"三·一"独立运动。这次运动最终因遭到日本的疯狂镇压而失败。尹奉吉亲历了这场韩国独立运动史上最具有历史意义的重大事件。对国家民族的责任感,促使他不愿意再

———————————

① 作者系重庆大韩民国临时政府旧址陈列馆韩语翻译。

接受日本帝国主义的殖民奴化教育,1921年,尹奉吉转入乌崎书塾学习,迎来了拓展人生舞台的契机。他在乌崎书塾主人、精通礼文的儒学大师梅谷先生教导下,通晓汉语,学会尽忠报国之理,坚定了走向民族独立之路的决心,逐渐成长为民族革命者。梅谷先生的教诲成为尹奉吉人格形成不可缺少的背景。梅谷先生给爱徒起号"梅轩"。

尹奉吉15岁时自学日语,短短一年时间,即可用日语简单对话,这对他日后的反日斗争很有助益。随着民族意识的日渐觉醒,尹奉吉的反日复仇观念越来越强,反对日本殖民统治的信念日益坚定。

"三·一"独立运动失败后,大量韩民族爱国志士不得不涌往中国,以求避难和继续开展独立运动。1919年4月,大韩民国临时政府在上海宣告成立。以上海为中心,流亡中国的朝鲜半岛反日独立人士积极开展各种形式的独立运动,上海成为韩国独立运动的海外根据地。

身在家乡的尹奉吉得知此消息后备受鼓舞,他渐渐意识到农村启蒙运动的局限性,感觉到实现祖国的独立才是最急迫的任务,于是决定投奔上海韩国临时政府,参加反日复国运动。

"九·一八"事变后,日本帝国主义者强占中国东三省。面对严峻的形势,韩国临时政府认为这是中韩联合抗战的绝好机会,发表了《告中国民众书》,强烈谴责日本的侵略行为,并表明坚决与中国军民共同抗战的决心。为振奋民族的反日精神,更好地开创韩民族独立运动新局面,韩国临时政府于1931年末创立"韩人爱国团"。韩人爱国团是在韩国临时政府领导下,召集爱国同志,以暗杀日本军政要员、破坏和袭击日本机构达到拯救祖国为目的的秘密团体,由金九先生任团长。

尹奉吉于1931年5月来到上海,后辗转找到上海韩国临时政府,结识了金九先生。通过与尹奉吉多次的晤谈,金九先生确认尹奉吉是一位深明大义的爱国青年。尹的爱国精神、诚恳的态度,得到金九先生的认可。

淞沪战争结束后，日本决定在 4 月 29 日天长节（日本昭和天皇诞生之日）举行庆祝会。面对日本侵略军的嚣张气焰，中国军民、韩侨、韩国临时政府以及韩国各反日独立运动团体愤恨不已。十九路军总指挥蒋光鼐、军长蔡廷锴、时任中国国民政府行政院代理院长兼京沪卫戍司令陈铭枢与"暗杀大王"王亚樵协商后，决定请通晓日语的韩国独立运动者装扮成日本人，混进会场，进行暗杀活动。王亚樵会见密友安昌浩（韩国独立党领导人），决定由上海韩国临时政府来完成这项伟大的使命。其后，安昌浩与金九先生密议此事。经金九先生慎重挑选，年轻的尹奉吉接过了这项艰巨的暗杀任务。1932 年 4 月 26 日，经金九先生介绍，尹奉吉加入韩人爱国团。

1932 年 4 月 29 日，日军庆祝会当天，虹口公园戒备森严，禁止中国人和西方人入内。参加者有侵华日本总司令白川义则，日本驻华公使重光葵，驻上海总领事井村公松，日军第九师团师团长植田谦吉，日本海军第三舰队司令官野村，上海日本居留民团行政委员长河端、秘书长友野等日本军政要员。尹奉吉装扮成一日本阔少，安然进入会场。

尹奉吉一直站在人群中等待各国领事陆续离开会场。天空突然下起雨来，待他们离开后，庆祝会进入高潮。尹奉吉高举手中的炸弹投向检阅台，随着一声巨响，检阅台轰然倒塌，全场秩序大乱。侵华日军总司令白川义则多处重伤，于 5 月 26 日毙命，日本居留民团行政委员长河端因伤重于第二天毙命，第九师团师团长植田谦吉被炸伤一足，海军第三舰队司令官野村右眼被炸伤，日本驻华公使重光葵右脚重伤，驻上海总领事井村公松等 7 名军政要员均被炸伤。

尹奉吉当场被捕。接受审讯时，他坚贞不屈，守口如瓶，承担了全部责任。但日军并不罢休，不顾国际公约，与法租界巡捕房相互勾结，疯狂逮捕居住在法租界的安昌浩等韩国临时政府要员。

为避免更多的韩侨遭到日军报复，金九先生于 5 月 10 日通过上海各报发布《虹口公园炸弹案之真相》公开信,坦然承认此次爆炸案是由他亲自组织,表示对此次炸弹案全权负责。金九先生的公开信通过媒体发表后,在中国引起强烈反响,并得到中国各界人士的广泛关注和支持。国民党中央社、《上海时报》、天津《大公报》等媒体对尹奉吉的壮举作了大量报道。4月30日,上海最大的民办报纸《申报》以"日本要人昨午被炸"为题,详细报道了尹奉吉义举经过。尹奉吉的壮举同样获得了中国共产党的认可和肯定。1932年5月25日,《红色中华》以"上海日要人全体受伤"为题予以报道。1936年1月29日,中共巴黎《救国时报》将尹奉吉列为"沪战殉国烈士",并介绍了尹的生平事迹。1941年,在山西八路军总部所在地举行的"华北朝鲜青年联合会成立大会"上,全体人员向安重根、尹奉吉等韩国革命先烈致哀。

1932年5月25日,尹奉吉在上海日军军法会议上被判处死刑。11月18日,尹奉吉被秘密押往日本神户,后这被关押在大阪陆军监狱。同年12月19日,尹奉吉在日本石川县金泽日本陆军基地内被执行枪决,年仅25岁。

1945年8月15日,日本投降,韩国人民迎来了祖国的光复。1946年3月,尹奉吉义士的遗骸在日本金泽垃圾处理场被发现,5月15日被迁返韩国,韩国政府为尹奉吉举行国葬,重新安葬在孝昌公园爱国之士墓域。1962年,大韩民国政府为表彰尹奉吉为韩国独立运动所做出的功绩,追授他"建国功劳勋章"。

综上所述,尹奉吉义举是韩民族反抗殖民统治、伸张民族正义的壮举,也是中韩双方联合打击日本帝国主义的重大事件,其影响是多方面的:

尹奉吉义举,沉重打击了日本侵略者的气焰。

尹奉吉义举,改善和增进了中韩两国人民的关系,成为中韩联合抗战的契机。此后,中国国民政府更加重视对韩国临时政府的支持和援助。

尹奉吉义举,促使金九先生与蒋介石于 1932 年 9 月见面,中国国民政府与韩国临时政府之间缔结了更密切的关系。

尹奉吉义举,进一步唤醒了韩民族的独立意识,不仅提高了韩国抗日运动在国际社会上的地位,同时把韩国独立运动推进到新的发展阶段。

（首尔）尹奉吉义士纪念馆

1988 年 12 月 1 日,为宣扬和纪念尹奉吉义士为国献身的英雄精神,韩国政府在韩国首尔瑞草区良才洞市民公园内,建立了"尹奉吉义士纪念馆",时任总统卢泰愚亲自出席开馆仪式。

尹奉吉义士纪念馆是一栋规模庞大的白色建筑,采用横向三段布局,中高两低,中央地面设有一组台阶。此外,纪念馆采用 3 个圆拱门设计,显得非常大气和端庄。纪念馆占地面积 1996 平方米,由地上 3 层、地下 1 层组成。一层是尹奉吉义士生涯展示厅和遗物展示厅,生涯展示厅共分为求学期、农民运动期、上海时期 3 个阶段,详细介绍尹义士的一生。展品包括尹义士亲笔撰写的《明心宝鉴》在内的书籍及文教用品、《己巳年日记》、《月进会创立》、《农民读本》等。遗物展示厅陈列他使用过的物品,如水壶、炸弹等,以及在金泽殉国时的桩子和 1962 年韩国政府授予的"建国功劳勋章"等。二层是独立运动图片展厅,陈列内容有:独立运动,如义兵运动、"三·一运动"、临时政府活动、独立军战争、义烈斗争、光复军活动等图片 120 余张。影像室位于纪念馆二层,设有 60 多个座位,放映尹奉吉烈士的传记、对国民进行精神教育的录像（VTR）及电影。三层设有会议室,有 206 个座位。在这里,每年都要举办关于尹奉吉义士的学术讨论会以及相关活动。

1992 年 4 月 29 日,在迎接尹奉吉义士义举 60 周年之际,在纪念馆左边肃穆的小树林里,仁立了尹奉吉义士的铜像。铜像高 9.2 米,铜像基座设计成横向三段布局,中间刻有"梅轩尹奉吉义士像"8 个汉字,左边是尹义士的汉字手迹,右边则用汉字刻有捐赠单位及个人的名录。1993年4月8日,在迎接尹奉吉义士义举61周年之际,在尹奉吉纪念馆大门左侧矗立了尹奉吉义士的崇慕碑,一块长方形黑色大理石,高2.14米,造型非常简洁,用汉字刻有"千秋义烈——尹奉吉义士崇慕碑"金色大字,石碑下是白色花岗石的碑托。

尹奉吉义士纪念馆自建成以来,接待了诸多前来瞻仰的观众,其中有政府官员、学者、专家、老师、学生及各种团体。游客在这里能了解尹奉吉义士从参加农民启蒙运动到上海虹口公园壮举等参加独立运动的全过程,同时还能了解韩国独立运动的发展历史。

每年4月29日,为纪念尹奉吉义士为国献身的革命精神,各种民间团体及各界人士都会在纪念馆举行隆重的追慕式。

(礼山郡)梅轩尹奉吉纪念馆

2001年12月,为宣传尹奉吉义士的光荣业绩,更好地保存和展示尹义士的遗物,在尹奉吉的家乡韩国忠清南道礼山郡德山面柿梁里忠义祠境内,建立了尹奉吉纪念馆。纪念馆占地面积1412平方米,韩屋式建筑,采用现代化的立体透视模型、机器人、DVD等各种展陈手段,陈列展示尹奉吉的事迹等内容。陈列物品有尹奉吉在发起义举前使用的钱包(被列入第568号文物)、中国钱币、怀表、印章、水壶型炸弹等28种类56件文物。

为纪念和弘扬尹奉吉义士的革命精神,增进各国人民之间的友谊,每年4月29日,尹奉吉早年创建的"月进会",在他的家乡礼山举办"尹奉吉文化庆典",邀请中国、蒙古、俄罗斯、日本等国家的专家、教授及相关人员,举办诗歌、作文、体育、绘画、歌唱等比赛,开展尹奉吉国际学术研讨会等各种活动。

（礼山郡）尹奉吉义士遗址

韩国礼山郡尹奉吉义士遗址,位于尹奉吉的出生地——忠清南道礼山郡德山面柿梁里40-1,总面积147072平方米。1972年10月14日,被韩国政府指定为第229号遗址地,建设年代为1908—1930年,包括尹奉吉义士出生地、旧居、复兴院、忠义祠及尹奉吉义士纪念馆。尹奉吉义士出生地位于柿梁里178号,草屋至今保存完好。草屋背后,有一棵尹奉吉当年亲自栽种的银杏树,经过80余年的风吹雨打,银杏树现已十分茂盛。每年秋季,银杏叶变成金黄色,在阳光照射下非常美丽,引来不少游客。

此外,韩国已有10多处树立了尹奉吉铜像或纪念碑。1992年,在日本金泽建立尹奉吉义士殉国纪念碑及暗葬墓碑。至今,这些尹奉吉义士纪念馆、纪念地,吸引了大量慕名而来的国内外游客。他们通过参观尹奉吉遗址,缅怀烈士的革命精神,回顾尹奉吉义士追求民族独立之路,唤醒韩国人民的觉悟,鼓舞韩国人民争取祖国独立的艰辛历程。

（上海）尹奉吉义士纪念馆

1994年,为纪念韩国抗日烈士尹奉吉义士抗击日本侵略者、争取韩民族独立的义举,上海虹口区政府在他发起义举的上海虹口公园(现名为"鲁迅公园")内,建造了一座两层建筑"梅亭",这是一栋富有韩民族建筑风格的亭阁,此处绿树蔽天,奇石嶙峋。这里进行的"尹奉吉生平事迹图片展",至今已累计有100余万人次的韩国游客前来参观。

2003年12月,在梅轩尹奉吉义士纪念事业会和上海市虹口区人民政府的共同努力下,梅亭正式更名为"尹奉吉义士生平事迹展览室"。展览室由两层组成,一层展厅陈列内容有尹奉吉义士从出生到农民启蒙运动、虹口公园义举为止的相关事迹及6件遗物和相关照片。二层陈列内容有尹奉吉义士义举之后的相关事迹、义举带来的历史意义及对中韩两国的影响、大韩民国临时政府相关活动等资料。此外,在纪念馆还可以参观尹奉吉在发起义举时使用过的炸弹,加入韩人爱国团时拍的"手拿手榴弹和血书"的照片,他的亲笔信2003年设立的尹奉吉铜像,等等。

2013年9月,鲁迅公园实施整修,在中国政府及韩国国家报勋处、独立纪念馆的协助下,尹奉吉义士生平事迹展览室进行馆内展品全面更换。2015年4月29日,正值抗日独立运动家尹奉吉义举83周年之际,尹奉吉义士纪念馆修缮完毕,举行重开馆仪式。如今,这里已成为中韩友好交流的平台。

后　记

　　挖掘重庆历史名人事迹，宣传重庆历史名人精神，是重庆历史名人馆应尽的职责。重庆历史名人馆自 2007 年 6 月 15 日对外开放以来，致力于重庆历史名人文化的研究和宣传，获得了较好的社会效益。

　　为认真贯彻落实中共中央总书记习近平关于传承弘扬中华民族优秀文化系列讲话精神，推动重庆市各区（县）和兄弟省市在这方面不断持续地"融合、融汇、融通"，2016 年 10 月，重庆历史名人馆主办了重庆首届"新时期名人文化研究与名人馆建设学术研讨会"，回顾总结近年来历史名人文化研究及名人馆建设的思路、成就和得失，研究、探索如何全面贯彻"保护为主、抢救第一、合理利用、加强管理"的工作方针，发挥博物馆、纪念馆的独特优势，"激活"名人文化资源，让名人文化为今天的全面深化改革和"一带一路"建设服务。

　　《新时期名人文化研究与名人馆建设学术研讨会文集》收录此次"新时期名人文化研究与名人馆建设学术研讨会"的文章，现由重庆历史名人馆汇编，西南师范大学出版社出版发行。

　　该文集根据论述主题，分为三部分：第一部分为"名人文化阐述"，第二部分为"名人馆建设"，第三部分为"名人专题研究"。我们希望，通过结集出版此次研讨会的文章，并将该文集作为加强与有关单位交流的一个媒介，进而引起各界对历史名人文化和名人馆建设的重视和研究。

　　编辑出版时着重对文集中的文字和史实进行审校，尊重每一位作者所持的观点和看法。

　　该文集的编辑出版工作，得到了中共重庆市委统战部、重庆市人民政府文史研究馆领导的关怀和支持。该文集的顺利出版，得到了西南师范大学出版社原总编辑李远毅先生以及责任编辑的大力支持，在此，我们表示衷心感谢！

编　者

2017 年 9 月